U0112901

谋定天下 系列

谋取神州
清朝开国奇谋

姜若木 编著

台海出版社

图书在版编目（CIP）数据

谋取神州：清朝开国奇谋 / 姜若木编著·-北京：
台海出版社，2013.7
　ISBN 978-7-5168-0228-1

　Ⅰ.①谋…　Ⅱ.姜…　Ⅲ.①中国历史-清代-通
俗读物　Ⅳ.①K249.09
　中国版本图书馆CIP数据核字（2013）第150015号

谋取神州：清朝开国奇谋

编　　著：姜若木

责任编辑：孙铁楠　　　　　　　　装帧设计：候　泰

版式设计：姚　雪　　　　　　　　责任印制：蔡　旭

出版发行：台海出版社

地　　址：北京市劲松南路1号，邮政编码：100021

电　　话：010-64041652（发行，邮购）

传　　真：010-84045799（总编室）

网　　址：www.taimeng.org.cn/thcbs/default.htm

E-mail：thcbs@126.com

经　　销：全国各地新华书店

印　　刷：北京柯蓝博泰印务有限公司

本书如有破损、缺页、装订错误，请与本社联系调换

开　　本：710×1000　1/16

字　　数：210千字　　　　　　　　印　　张：16.25

版　　次：2013年10月第一版　　　印　　次：2013年10月第一次印刷

书　　号：ISBN978-7-5168-0228-1

定　　价：33.00元

前 言

　　滚滚长江东逝水，浪花淘尽多少英雄。天地悠悠，谁主沉浮？中国古代的历史，也是朝代更替的历史，在这个过程中，总是伴随着战争和杀戮。然而，不管怎样，这就是历史的发展趋势。那么，当历史的脚步走到清朝的时候，又呈现了怎样的一幅画面呢？现在，就让我们走进并重温清朝的历史，同时也领略其中传奇人物的风采！

　　清朝的祖先可以追溯到五代时期，随着历史的发展，到了明朝末年，女真族在经历了衰落之后，又逐步崛起，并且开始强盛起来。在这个女真部落中，诞生了一个婴儿，这个婴儿就是后来创建后金的传奇人物努尔哈赤。然而，少年时期的努尔哈赤，生活非常坎坷，曾一度在辽东浪迹六年。更为不幸的是，在后来的战争中，他的祖父和父亲也被杀害，使得他的处境更加艰难。但努尔哈赤并没有被这样的境况吓倒，而是发愤图强，终以十三副甲胄起兵，为父祖报仇。

　　万事开头难，尽管此时的努尔哈赤起兵的目的由刚开始的复仇，转变为成就一番大业，但是，面对比他强大数倍的其他部落，努尔哈赤随时都面临着被消灭的危险。由于早年的苦难，让努尔哈赤有了超凡的谋略，在与其他部落交战中，他运筹帷幄，各个击破，逐步统一建州女真，打败九部联军，消灭哈达、叶赫等诸多部落，最终完成了女真部落的统一大业。此后，努尔哈赤即位称汗，积极采取措施，巩固政权，增强实力。等到羽翼丰满之后，努尔哈赤便开始放眼中原，力图进军中原。在与明朝的几次交战中，努尔哈赤指挥有度，屡屡获胜。

努尔哈赤在军事上的节节胜利，使得明朝廷大为惊恐。在努尔哈赤进军的同时，明朝也积极备战。努尔哈赤在消除了自己潜在的威胁之后，便又开始全力进行南下战争。然而，骄兵必败，在取得了几次大胜之后，努尔哈赤开始大意轻敌，最终导致了宁锦败绩。不久便郁愤而死。而此时，留给后金的这个局面，时刻都面临着危急。在经过一番权力的明争暗斗之后，皇太极最终登上汗位。

皇太极登基后，面对眼前的严峻形势，并没有惊慌，而是果断采取措施，革故鼎新，抚国安民，最终渡过了这个难关。此时的皇太极和努尔哈赤一样，有着雄心壮志，在四邻稍安，国内稳定之后，便有开始拓疆扩土的军事行动。他首先征服蒙古，随后一心向明朝腹地进军。在这个过程中，善用计谋，巧妙地消灭强敌，使得统一大业的步伐更加迅速。然而，就在大业将成的时候，他却突然死去。但是，这并没有影响后金的大业，后世没有忘记他的遗愿，最终入主中原，统一九州。

本书从饮悲含恨，发愤图强；恩威并施，布德于民；挥师南下，志在中原；步步为营，所向披靡；扫清障碍，子承父业；革故鼎新，抚国安民；精心运筹，四向拓疆；君临天下，神州一统，这八个方面，采用平实客观的语言，借助于史学典籍记载以及名家点评，同时还有一些传说等，精心编著了《谋取神州——清朝开国奇谋》一书。相信本书出版定能带给你耳目一新的精神盛宴。

目　录

前言 ●●●●●●●●●●●●●●●●●●●●●●●●●●●●●●●●●●● 001

第一章　饮悲含恨，发愤图强

女真族是中国历史上的一个古老的民族，其起源可以追溯到五代时期。经过历史的发展和朝代的更替，女真族也经历了繁盛和衰落。努尔哈赤便生活在女真逐步崛起的时期。由于各种原因，努尔哈赤的少年生活非常坎坷，浪迹辽东六年。后又遭遇变故，祖父和父亲被杀。这些都给年轻的努尔哈赤带来了巨大的打击，但是也让他更早地成熟起来。随后，努尔哈赤便靠着十三副遗甲起兵。

女真由来，日渐强盛 ●●●●●●●●●●●●●●●●●●●● 002

出身贵族，神话溯源 ●●●●●●●●●●●●●●●●●●●● 004

少年坎坷，浪迹辽东 ●●●●●●●●●●●●●●●●●●●● 007

父祖被害，遗甲起兵 ●●●●●●●●●●●●●●●●●●●● 012

第二章　恩威并施，布德于民

努尔哈赤为报仇起兵，同时也是为了壮大自己的实力。少有壮志的努尔哈赤一心想统一女真，实现自己的远大抱负。然而，要想实现这个目标并不容易，他在战争初步胜利的时候就遭受到了强大地反击。努尔哈赤经过统一建州女真，智破九部联军，消灭哈达，兼并三部，终灭叶赫等一系列的战争之后，终于完成了统一大业。随后，努尔哈赤称汉建国，发展经济等，对巩固既得政权有着重要的意义。

恩威并行，统一建州 ………………………………………………………… 020

独战群雄，智破联军 ………………………………………………………… 024

消灭哈达，兼并三部 ………………………………………………………… 033

终灭叶赫，统一女真 ………………………………………………………… 040

创建制度，即位称汗 ………………………………………………………… 049

注重经济，择贤任能 ………………………………………………………… 056

第三章　挥师南下，志在中原

努尔哈赤在统一了女真之后，为了进一步扩大自己的实力，开始以"七大恨"誓师伐明。努尔哈赤率领军队，英勇作战，所向披靡。在与明朝的第一次交战中，努尔哈赤取得了胜利，占领了抚顺、清河城。随后，努尔哈赤接连取得了萨尔浒大捷，攻占开原、铁岭，并且在辽东取得了重大进展。

笼络明朝，伺机而动 ·············· 068

明七大恨，誓师南下 ·············· 075

抚清之战，大军告捷 ·············· 082

运筹帷幄，取萨尔浒 ·············· 089

得获开铁，直指中原 ·············· 099

第四章　步步为营，所向披靡

随着战事的进一步发展，努尔哈赤的军队逐步深入明朝腹地。然而，由于当时女真也面临着蒙古和朝鲜的威胁。面对这样的形势，努尔哈赤采取了对外结盟等手段，笼络蒙古和朝鲜，消除向南进军的后顾之忧。同时，内修政治，增强实力。在做好这些准备之后，努尔哈赤又取得了沈阳大捷，并且攻取辽阳和广宁。但是，被胜利冲昏头脑的努尔哈赤却因为轻敌，在宁远大败。后积郁攻心，疽发身死。

外结蒙古，内修政治 ·············· 108

诱围之计，沈阳大捷 ·············· 112

两战告捷，占领辽阳 ·············· 115

广宁之役，不战而胜 ·············· 118

宁远兵败，疽发身死 ·············· 122

第五章 扫清障碍，子承父业

自古以来，在任何权力集团中，都会有争斗，身处其中的努尔哈赤也不例外。为了将权力收于己手，努尔哈赤不惜幽弟杀子。努尔哈赤虽然有16子，但是病逝之前并没有指定继承人。随后，在努尔哈赤的儿子当中，又展开了激烈的权力争斗。在大妃被生祭之后，皇太极最终胜出，继承汗位。

储位之争，幽弟杀子 ………………………………… 128

辅佐父汗，崭露头角 ………………………………… 133

生祭大妃，扫清障碍 ………………………………… 139

深谙谋略，初登汗位 ………………………………… 145

第六章 革故鼎新，抚国安民

皇太极即位之后，民族矛盾日益尖锐，经济面临崩溃，在军事上也接连失利，不仅如此，武装暴动更是对后金在辽东的统治产生重大的威胁。面对这种严峻的形势，皇太极积极采取措施，消除危机。通过天聪新政，调和满汉，笼络蒙古，初定官制等革故鼎新，抚国安民的措施之后，国内国外的形势都有所好转，为后来的进一步扩张打下了坚实的基础。

天聪新政，消除危机 ………………………………… 150

调和满汉，安定民心 ………………………………… 154

笼络蒙古，一后四妃 …………………………………… 161

初定官制，深度汉化 …………………………………… 164

第七章　精心运筹，四向拓疆

经过改革之后，皇太极虽然稳定了内外的形势，但是，此时的蒙古和朝鲜依然是明朝的附属，随时都有可能对后金发动进攻。在宁锦之战失利后，皇太极采取缓兵之计，假意和明朝议和。与此同时，皇太极便又开始对蒙古和朝鲜发动战争，并最终征服两国。除掉了明朝的左、右翼。随后皇太极便长驱直入明朝腹地，给明朝以沉重打击。在这个过程中，皇太极巧施反间计，除掉了劲敌袁崇焕，使得自己的拓疆大业更加顺利、迅速。

失利宁锦，与明议和 …………………………………… 172

征服蒙占，统一漠南 …………………………………… 1/8

兵锋东指，两征朝鲜 …………………………………… 184

五次远征，深入腹地 …………………………………… 188

借刀杀人，崇焕冤死 …………………………………… 197

目
录

第八章 君临天下，神州一统

在皇太极登基之初，后金实行的还是努尔哈赤留下的八大贝勒共治国政的制度。然而，此时的皇太极对权力有着更加强烈的渴望，希望南面独尊。对了达到这个目的，他又攻占了松锦，为自己的帝业奠定了基础，并实现了君临天下的宏愿。然而，就在他想进一步扩展统一大业之时，却骤然去世。他的入主中原，统一九州的大业，最终由他的儿子顺治帝完成。

集中权力，南面独尊 ·············· 204

攻占松锦，奠定帝业 ·············· 209

恩威并施，招降明将 ·············· 215

君临天下，山海大战 ·············· 223

入主中原，九州一统 ·············· 229

谋取神州

清朝开国奇谋

第一章
饮悲含恨，发愤图强

女真族是中国历史上的一个古老的民族，其起源可以追溯到五代时期。经过历史的发展和朝代的更替，女真族也经历了繁盛和衰落。努尔哈赤便生活在女真逐步崛起的时期。由于各种原因，努尔哈赤的少年生活非常坎坷，浪迹辽东六年。后又遭遇变故，祖父和父亲被杀。这些都给年轻的努尔哈赤带来了巨大的打击，但是也让他更早地成熟起来。随后，努尔哈赤便靠着十三副遗甲起兵。

女真由来，日渐强盛

女真，中国东北古代民族名。与肃慎、挹娄、勿吉、靺鞨有历史渊源关系。至五代时，契丹人称黑水靺鞨为女真，从此，女真这一名称代替了靺鞨。辽朝又因避讳改写作女直。

辽天显元年（公元926年），辽太祖耶律阿保机灭渤海，部分女真人随渤海人南迁，编入辽籍，称为"熟女真"；留居故地的女真人，未入辽籍，称为"生女真"。生女真中的完颜部逐渐强大，他们营建庐室，定居在按出虎水（今阿什河）一带。从事农业生产，掌握了冶铁技术，出现了私有财产，阶级分化十分明显，法律规定杀人者偿马牛三十，开始向阶级社会过渡。至乌古乃（公元1021～1074年）为部长时，始建官属，并着手统一生女真各部，被各部推为都勃极烈，同时受辽生女真部节度使官号而不系辽籍，成为辽朝属国，世袭不绝。至盈歌为都勃极烈时，禁止其他女真部落自称部长（勃极烈），擅置信牌者治以法，女真各部政令统一。辽末，女真族首领完颜阿骨打（公元1068～1123年）即起兵反辽，于公元1115年建立金朝。金朝于公元1125年灭辽，公元1127年灭北宋，成为与南宋南北对峙的中国北部封建王朝，并且把外兴安岭以南及黑龙江下游都置于金朝上京直接管辖之下。公元1234年亡于蒙古。

女真人在建立金朝以前，使用契丹字，建国后借用契丹字母创制女真字，有大小女真字之别，与汉字同样成为金朝通用文字。为加强对汉区的统治，金朝不断迁徙部族于中原各地，使其与汉人杂居，加速了女真人的汉化，也促使女真人接受中原高度发达的经济与文化，至金末，已渐与汉人同化。到元代，迁入中原各地和散居辽东的女真人、渤海人、契丹人与华北汉人同被视为汉人。其留居东北边疆的女真人，则仍以渔猎或狩猎为生，社会发展较为缓慢，有的仍处在原始社会阶段。元朝在黑龙江下游及黑龙江以北所设各万户府、女真水达达路及征东元帅府所辖的女真各部落，即是女真中尚处渔猎或狩猎生活的一部分。

金朝灭亡后，女真族一直处于分裂的状态之中。留在东北的女真人，其主要部族被元统治者分为桃温、斡朵怜、胡里改、脱斡邻和孛苦江等五个万户府，行政上隶属于辽阳行省的合兰府水达达路。东北地区的女真人在明朝初年时，又分为建州女真、野人女真（又称东海女真）和海西女真三大部。建州女真分布在长白山以北的绥芬河、牡丹江流域；野人女真分布于库页岛、黑龙江等地；而海西女真则分布丁松花江流域一带。其中又以建州女真的生产力发展水平最高。建州女真是女真三部的核心，而建州女真的核心又是建州三卫。

建州三卫即建州卫、建州左卫、建州右卫。自明初至明中叶，在女真住地设置卫、所，逐渐增加，总属奴儿干都司名下。卫、所的长官如都督、指挥使、同知、金事、千户长、百户长等，均以女真酋长担任。明廷给予印信，允许定期赴京朝贡，并先后于广宁、开源、抚顺、清河、宽甸等处开设马市，进行贸易。此类卫所称为羁縻卫所，故仍受辽东都指挥使司节制。

建州卫始设于明朝永乐元年（公元1403年）。这一年元胡里改部的酋长的世袭万户阿哈出等人前往南京朝贡，明朝于是便设立了建州卫，并封阿哈出为指挥使。由于阿哈出的推荐，明朝于是又派人去招谕斡朵怜部首领猛哥帖木儿。永乐四年（公元1406年）猛哥帖木儿来到南京，明朝廷授予其建州左卫都指挥使之职。

永乐十四年（公元1416年），明朝又为其设立建州左卫，称"建州左卫指挥"。宣德八年（公元1433年），猛哥帖木儿及其长子阿古在迁徙途中遭袭击而亡。到了正统七年（公元1442年），猛哥帖木儿的儿子董山和蒙哥帖木儿的同母异父兄弟凡察，争夺卫印，明廷只得又增设建州右卫，下令左卫由董山掌管，而右卫则由凡察掌管，于是最终形成了建州三卫。几经迁徙之后，到了明正统年间，三卫定居在了浑河上源苏子河流域（今辽宁省新宾一带）。

出身贵族，神话溯源

努尔哈赤，姓爱新觉罗，明嘉靖三十八年（公元1559年），出生在建州左卫苏克素护部赫图阿拉城（辽宁省抚顺市新宾县）的一个女真贵族的家庭。其祖父名叫觉昌安（明人称为叫场），父亲名为塔克世（明人称为塔失），按辈分算他该是猛哥帖木儿的六世孙。努尔哈赤是家中的长子，在他的下面还有四个弟弟。

努尔哈赤的远祖是猛哥帖木儿，又称孟特穆，后追封肇祖原皇帝，是元朝的"万户"。元朝灭亡后，猛哥帖木儿附明。不久，率众迁徙朝鲜北境。被明朝封授为建州左卫部指挥使。猛哥帖木儿死后，由其子董山袭职。董山将其部从朝鲜迁移至苏子河流域烟突山（今辽宁省新宾县永陵镇附近）。不久，董山因为反明而被朝廷处死。继董山之后有福满、觉昌安、塔克世先后掌管建州左卫。这时，明朝逐渐走向衰落，女真族各部处于四分五裂、相互仇杀、相互吞并的混乱和动荡状态。

满族之名虽然到皇太极的时候才正式定下来，但作为一个民族，她却有着悠久的历史。关于满族的由来，还有一个神话故事。

传说天上的三位仙女曾经下凡在长白山布尔瑚里湖沐浴。忽然一只神鹊衔着一枚朱果掉在三仙女佛库伦的衣服上。佛库伦喜爱这枚朱果，含在口中，吞到肚里，感而有孕。她的两位姐姐升天去了，佛库伦则留在人间，没过多久，佛库伦就生下一个男孩。这孩子生下来就会说话，很快，便长大成人。母亲就把吞食朱果、怀孕生他的事都告诉了他，并说："你为上天所生，是叫你当国主，你就往那个地方去吧！"母亲送给儿子一条小舟："你顺流而下，就会到你应去的地方。"佛库伦说完，转眼间，就消失了。

佛库伦走后，儿子按照母亲指示的方向，乘上小舟，顺流而下，漂流到一个叫鄂谟辉的地方，看见有很多人家，便舍舟上岸，折柳条为椅，端端正正坐在上面。这个地方原有一个鄂多里城，住有"三姓"的人。他们互争雄长，终日厮杀，地方大乱。这天，正巧有一个人到河边取水，看见有个相貌奇异的人，端坐在河畔，觉得很奇怪。他回来就告诉大家，说："你们不要再争了，我在河边看到一位奇人，看相貌，决非凡人。我们为什么不去看看呢？"三姓的人也觉得很奇怪，停止了争斗，都去看这个人，果然是个非凡的人！都惊讶地问他的来历。他回答说："我是天女佛库伦所生，姓爱新觉罗，名字叫布库里雍顺。天生我就是来平定你们的大乱的。"他把母亲教他的那席话细说了一遍。大家惊讶地说:"这是天生的'圣'人,不要让他到别的地方去。"随后,三姓的人商议:"天意如此,我们不必争了,就推这个人为我们的王吧!"于是,布库里雍顺就在这里定居下来,被推举为首领。这个国家,号称"满洲"。布库里雍顺就是这个国家的始祖。这个神话类似

努尔哈赤像

于《史记·殷本纪》的记载:商始祖契的母亲简狄,"三人行浴,见玄鸟堕其卵,简狄取吞之,因孕生契"。这两个神话说明汉族和满族都经过"只知其母不知其父"的母系氏族时期。

这是清代官修《满洲实录》及《清开国方略》等史书开宗明义,以浓重笔墨描绘其祖先(也是满族)起源于长白山的脍炙人口的神话。我们发现,有关他们各自始祖的来历,说法相近或相似,反映了中国境内各民族包括满族之间有着密切的联系。从仙女佛库伦到布库里雍顺其人,正是反映了努尔哈赤的祖先,亦即满族先世由原始社会的母系氏族向父系氏族过渡时期的历史。

神话终究是神话,但是努尔哈赤的出生,给这个女真家族还是带来了一些希望。然而,后面将要发生的事情,我们都尚未可知。

少年坎坷，浪迹辽东

　　努尔哈赤从小就练习射箭，有一身好武艺。10岁那年，努尔哈赤的母亲去世，继母拉氏刻薄寡恩，待他非常不好。父亲塔克世受继母挑唆，给努尔哈赤的东西极少，不能维持生活，努尔哈赤不得不离开家庭，到莽莽林海里去打猎、挖人参、采蘑菇、捡榛子、摘木耳、拾松子，然后将这些东西运到抚顺马市去卖，以此来维持生计。

　　在清朝早期文献中，努尔哈赤写作弩儿哈奇，后改为规范写法，写作努尔哈奇。奇与赤两字，汉字写法不同，而满语读音相近似。明朝人称为奴儿哈赤，而常用"奴酋"以代之。明清之际的史家著述，如谈迁著《国榷》，则又称为"建酋"。这些称呼，均有贬意。朝鲜人又有自己的独特称谓，把努尔哈赤称之为"老乙可赤"或"老酋"，亦含贬意。

　　努尔哈赤的父亲塔克世共有五子一女，努尔哈赤排行老大，生母名叫额穆齐，姓喜塔喇氏，是阿台、又称都督阿古的女儿。后来她又生二子一女，舒尔哈奇，排行第三，其次是雅尔哈奇，排行第四。塔克世的另一个妻子，为李佳氏，是古鲁礼之女，生一子，就是穆尔哈奇，排行第二。喜塔喇氏去世后，塔克世又续娶一妻纳喇氏，名肯姐，是哈达万汗（此为名）所养的本族女。她生育一子，即排行第五的巴雅喇。

据说，母亲喜塔喇氏怀孕十个月后，才生下努尔哈赤。他一降生，有一长者就预言："满洲必有大贤人出，戡乱致治，服诸国而为帝。"古籍曾对努尔哈赤的外貌和品格做了这样的描述：长得凤眼大耳，面如冠玉，身体高耸，体格健壮；善于辞令，说话声音响亮，直爽明快；为人聪明敏捷，凡听过不忘，一看就明白。他"龙行虎步，举止威严"，不仅如此，努尔哈赤意志刚强，练就一身武艺，精通骑射，没有人能赶得上他。

在努尔哈赤起兵复仇以前，有关他青少年时期的情况，史书记载很少。努尔哈赤少年时期生活在赫图阿拉这个地方。在当时，赫图阿拉有肥土沃野，适于农业耕作；周围的山岭林立，再往远一点地方，还是绵延不断的山，层峦叠嶂，又有茂密的森林，如同莽莽林海，一望无际。大小溪水、河流纵横交错，遍布林间谷底。这个自然条件，很适合打猎、网鱼，而且山上有人参、蘑菇、松子、榛子等，以及飞禽走兽等等。

生活在这里的女真人，早已过渡到以农业生产为主的阶段，农业成为他们的衣食之源。但是，他们并没有改变女真人射猎的古老习俗。无论是围猎，或者是网鱼，都是他们生活的重要组成部分。冬天进山射猎，夏天打鱼、采集等，是他们生产活动的内容之一。为了从事这些活动的需要，骑射便成了女真人不论男女都掌握的一项基本技能。尤其是男子，负有打仗、保卫的职责，更须弓马娴熟。这里的女真人，充分利用赫图阿拉得天独厚的自然条件，亦农亦牧，亦渔亦猎，互为补充，以维持生计。

在这样的环境中，努尔哈赤不仅受到熏染，而且必须参加这些活动，跟随父兄练习骑马、射箭。从女真人的习俗来说，骑射是每个人必备的技能，除了靠父辈传授，主要还是通过实践来训练出高超的水平。

打猎就是一项最基本的实践活动，也是很苦的一件事。每到冬季，冒着严寒，进入深山，爬冰卧雪，纵马追逐野兽。他们身带口粮，行猎时，都有严格的组织和规则，这些用于战争，便发挥出强大的战斗力。努尔哈赤后来能够屡胜明军，和早期的锻炼也是分不开的。

努尔哈赤19岁的时候，按中国古代的一般规定，男人到了16岁，就视为"成丁"，就是说，已长大成人，就应该承担应有的责任。此时的努尔哈赤已经超过"成丁"的年龄，而且在家时，已受到各种骑射的训练，从事家内外劳动，完全能够独立生活。努尔哈赤从19岁到25岁起兵前，约6年多，是他浪迹辽东的时期。

为了生存，努尔哈赤必须自谋生计。他经常冒着风险，历尽千辛万苦，进入长白山的深山密林，采挖人参；同时也以娴熟的箭法，追杀猎物，如貂、猞猁等动物，其皮毛为世间珍贵之物。另外，他还采集大量蘑菇、木耳、松子等。他靠着自己的劳动，每次都大有收获。他携带这些东西赶到抚顺马市出售。当时，明朝为了从蒙古人、女真人中换取马匹及其他土特产，也方便这些少数民族对铁犁、铧子、铁锅、布匹及食盐等生产生活用品的需要，特在辽东与蒙古人、女真人交界地方开设"马市"，开展贸易。明朝这样做，亦含有安抚和笼络边疆少数民族的深意。他们不能生产铁器、丝织、布匹，全仰赖汉人提供，只有通过贸易的渠道来解决他们生产与生活的必需品。

在当时，明朝先后开设的马市，有镇北关，因其在开原北，而又称北关；广顺关，因其地在开原东南，又称南关；新安关，此地在开原西之庆云堡。它们合起来概称"开原三关"。开原城在明代被称为东北"极边"，它的北、东、西三面与蒙古人、女真人居地接壤，环开原设马市，以其地近便于开展贸易。明万历初年，又应建州女真的需求，开放抚顺、清河、瑷阳、宽甸（今属辽宁省境）等处为马市。马市一般每月开市两次，每当开市之日，东北各地少数民族与汉人蜂拥而来，近者数十里、上百里，远者从几百里甚至千里之外赶来。为了不错过开市日期，人们往往在开市前数天或者数十天之前就动身，以便在马市开始之日赶到。马市每次期限5到7天，过了日期，便停止贸易。起初，马市是由官方控制的官市，后来逐渐变为民间贸易的市场，日趋繁荣。据《明世宗实录》所载，每次前来参加贸易的东北各族人民，都达到万人至几万人的规模，最多时将近10万。在《全辽志》曾有这样的一首诗描写当时的场景。

累累推髻捆载多，拗辘车声急如传。

胡儿胡妇亦提携，异装异服徒惊眴。

朝廷待夷旧有规，近城廿里开官廛。

夷货既入华货随，译使相通作行眩。

华得夷货更生殖，夷得华货即欢忻。

为了维持生计，努尔哈赤也经常来这里从事贸易活动。有时还到开原、辽阳这些繁华的城市，贩卖人参、貂皮及其他土货，生活却也不愁，比在家时还要好些。这些经济活动，对努尔哈赤不只是解决生计问题，更为重要的是，他广泛地接触了社会，深入地了解到各民族的风情、历史与文化。因为他的贸易对象主要是汉人，其次是蒙古人，尤其是同广大汉人交往，受到汉文化的熏陶，通晓汉语、蒙古语，再加上他的本民族的女真语，使他的知识迅速积累。他能读《三国演义》、《水浒传》，这些都是他在青年时期同汉人的广泛交往中得到的。在当时女真人中，努尔哈赤是个出类拔萃的青年。

在明清之际所遗史籍中，主要是明人的著述，如《东夷奴儿哈赤考》、《辽夷略》、《山中见闻录》、《辽筹》等书，以及清人著《叶赫国贝勒家乘》等个别著作中，都有努尔哈赤起兵前的少量记述，但是说法不一，难以互证。但是，后来努尔哈赤投奔外祖父，仍有事实可据，并且顺乎情理。他的外祖父叫王杲。王杲的女儿嫁给塔克世，努尔哈赤为其所生。努尔哈赤的祖父觉昌安的长子为礼敦，而礼敦的女儿又嫁给了王杲之子阿台为妻。他们是亲上加亲，关系极为密切。当王杲父子称雄建州时，努尔哈赤的父、祖均隶属其下为部将。努尔哈赤十余岁时，因不愿受继母的虐待，领着比自己小4岁的同母弟舒尔哈奇，投奔外祖父家。王杲、阿台收留了他们。

当时，王杲父子坚持"反明"，经常入边抢掠，杀害了多名明朝边将。明朝命令辽东总兵李成梁出兵反击。王杲被彻底击败，本人被俘，押到北京，斩首处死。还在明兵追杀时，机警的努尔哈赤见势不妙，便领着弟弟来到李成梁的马前，哭诉自己的遭遇。李成梁原与他的父、祖关系很好，一听说是塔克世的儿子，很同情他们的处境，就把他们留在了军中，让努尔哈赤做了他的侍从，"每战必先登，屡立功，成梁厚待之。"

还有记载说："哈赤事成梁甚恭。"（《建州私志》）李成梁及祖上世居辽东铁岭（今辽宁调兵山），又任辽东的最高军事长官，握兵权，掌数万劲旅，威震辽东，周边少数民族无不畏服。他是个著名的人物，当时及其稍后明人都说他收养了努尔哈赤。更有民间《关于老罕王的传说》一书，把这段秘史说得绘声绘色，充满了传奇的色彩。努尔哈赤何时因何离开李成梁？传说认为，李成梁发现努尔哈赤是"危险"

人物，企图把他害死。李成梁妾不忍心，偷偷把他给放跑了。但又有则说，他19岁时，父亲传信来，要他回家成亲。于是，他辞别李成梁，回到赫图阿拉完婚，妻子是佟佳氏。自此与父母分家另过。从史载他20岁时长女东果公主出生来看，他19岁成婚是可信的。同时，努尔哈赤投奔外祖父，入李成梁军队，也是他浪迹辽东的个人历史的一部分。根据历史记载和传说，这些都具有一定的可信度。

努尔哈赤在少年时期经历的这些不幸和挫折，对他的成长有着非常重要的作用。这些不仅仅让他增长了见识，磨炼了意志，积累了经验，提高了能力，为他以后成就事业打下了很好的基础。

父祖被害，遗甲起兵

努尔哈赤在少年时期经历了很多的磨难之后，本以为会从此有所好转，但是，在他25岁那年，他经历了一次更大的不幸和灾难。努尔哈赤的祖父和父亲，同时死于明军攻城的炮火，这件事对努尔哈赤以后的人生道路产生了巨大的影响。

自元末明初，女真社会在缓慢而稳步发展，随着财富的长年积累，与外部联系的扩大和日益密切，女真人重新分化组合，形成众多的带有政治联合性质的部族集团，或按血缘、地缘，或按利害需要，逐渐组织起来，对于财富、土地、牲畜和人口的追求，不断刺激他们彼此争夺不已。自李满住、董山被"犁庭扫穴"之后，建州女真遭到致命打击，一蹶不振，以至过了五六十年尚未恢复元气。

经过长期的分化，势力的消长，女真重新凝聚成四个大部和十余个小部族，他们是：建州部，包括苏克素护河部、浑河部、完颜部、栋鄂部、哲陈部；长白山部，含有讷殷部、鸭绿江部；东海部，包括窝集部、瓦尔喀部、库尔喀部；扈伦（呼伦）部，包括乌拉部、哈达部、叶赫部、辉发部。在建州女真还在默默无闻时，海西女真却显示出一种空前的活力，打破了东北大地的沉静，涌现出一代强有力的人物，开始登上历史舞台。

海西女真，清朝称之为"扈伦"（呼伦），又写作"胡笼"，均系同音异写。这部分女真人分布甚广，自辽东开原以北，直至松花江至黑龙江的广大地区，都是他们的栖息与活动之地。自明正德（公元1506年~1521年）至嘉靖朝（公元1522年~公元1566年），海西女真先后出现了祝孔革、速黑忒等著名领袖。明朝授予祝孔革都督的职衔，授予速黑忒塔山前卫左都督的职衔。速黑忒部女真处南关即广顺关外，并由此入贡，所以明人以"南关"而代其称。当时，明朝对女真一贯采取"分而治之"的政策，不能允许女真各部争夺，以免打破平衡的关系；另一方面，它又拉拢与明朝关系密切的部族加以扶持，用以制约不驯服的部族。换言之，借用一部分力量，压制另一部分力量，让他们在女真内部"拥明"或"反明"这一原则问题上作出选择。

速黑忒与明朝关系最为密切，明朝则利用他的力量来屏藩辽东，制约其他各部女真，故对他的赏赐独厚。他之后，长子王忠袭职，势力又较父亲为盛。他攻杀了叛服无常的祝孔革，明朝又提升他为都督金事。他去世后，他的侄儿也是速黑忒的孙子王台袭职。实际情况表明，建州部王杲与叶赫部清佳努、扬吉努是"反明"的，而哈达部的王台则是坚定的"拥明"派。随后，王台被授予"龙虎将军"的职衔。这在女真诸部中是第一个人得到如此崇高的荣誉。朝廷有意扶持他，允许他"树其党类，使自成一部落，恢复祖宗故地，亦中国一藩篱也"。

由于"拥明"与"反明"的不同态度，加之明朝直接介入女真事务，因而进一步加剧了女真部的斗争，出现了不同的结局。王杲其子与阿台以其实力雄厚，经常武装侵扰抚顺到鸭绿江近处的汤站一带。王台的势力最盛时，"东尽灰扒（即辉发）、兀喇（乌拉，今吉林），南尽汤河（今辽宁本溪西南）、建州，北尽逞、仰二奴，延袤几千余里。"从嘉靖末年，经隆庆至万历初，王台威行这一广大地区几近30年。"逞、仰二奴"是指逞加奴（即清佳努）、仰加奴（即扬吉努）二位女真首领，他们是祝孔革的后代，居镇北关即北关外，亦以"北关"代称。他们的势力远不如王台强大。

此时，女真各部的争夺，主要集中在建州部王杲与海西部王台两大势力的较量上。王台先人杀了祝孔革后，祝的两个儿子清佳努与扬吉努渐渐长大，他们怨恨王台，时刻想为父报仇，矛盾日益激化，势不两立。他们"反明"尚欠实力，只待时机成熟。在海西部，有清佳努、扬吉努所主叶赫部与王台所主哈达部之间，也成水火不容之势。与王台同时，建州部女真也兴盛起来。在当时的建州女真中，以王杲势力最强。王杲曾任建州左卫都督，他很有才干，深谋远虑，精通汉语，在建州女真中享有很高的威望。他曾带兵进犯辽阳，杀死指挥王国栋。而此时的努尔哈赤和他的父、祖默默无闻，依附在亲戚王杲、阿台父子的势力之下。

万历二年（公元1574年）七月，王杲率部到抚顺关贡市，乘机将明抚顺守备裴成祖诱出边外，残忍地杀害了他。入冬后，王杲继续抢掠。李成梁率明军出边，包围了王杲的营寨，用大量火器轰击，又纵火焚烧，王杲的五百多间房屋及所有粮草都化为灰烬。王杲只身逃到了王台处避难。王台忠顺明朝廷，遂与其子扈尔干（虎儿罕赤）等合谋，将王杲逮捕，送交明朝处死了。王杲死后，他的儿子阿台为报父仇，袭杀明军。

此时，清佳努、扬吉努逼死王台，企图进攻王台的儿子扈尔干，要求把明朝给的敕书七百道还给他们，扈尔干予以拒绝，以死相守。因得明朝帮助，清佳努、扬吉努无可奈何，转而纠集诸部女真入边攻明，被李成梁击败。又四处攻掠其他女真小部落，闹得四邻不安。明朝命令清佳努、扬吉努悔过自新，照旧贡市。但他们不听劝告，声称要进攻开原、铁岭、沈阳。明兵以火炮严备，清佳努、扬吉努未敢深入。朝廷提出停战政策，称如不接受，就以精兵消灭之。而他们提出，如给重赏，他们就息兵停战。明朝官员表示同意，让他们来镇北关谈判。同时，在城内布下伏兵，如其不驯，即当场捉拿。二人果然不驯，伏兵涌出，炮声如雷，顿时把他们包围起来，经激烈战斗，两人被斩于军前。早已埋伏在中固（今辽宁中固，距开原40里）的李成梁听到炮声，马上率精兵前去迎战，斩杀千余人，俘获马匹近千匹。明兵追到清佳努、扬吉努所居之地，将其地包围起来，寨中女真人出寨请降，表示再也不敢入塞侵扰。这是万历十一年（公元1583）发生的一件大事。清佳努、扬吉努被杀，所属诸部势力顿衰。王杲死后，他的儿子阿台等并未改变"反明"的立场。阿台痛恨王台父子出卖了王杲，伺机报仇。

万历十一年（公元1583年）二月，就在李成梁率部直趋阿台的住地——古勒山寨（今辽宁新宾县上夹河乡胜利村）。古勒山山势十分险峻，三面是悬崖峭壁，人马不能过，唯一面可通，以重兵把守，真是一

第一章 饮悲含恨，发愤图强

夫当关，万夫难开！山寨四周筑壕堑，也难飞渡。阿台依山势筑寨，借助天然的障碍，层层设险，严密布防，自以为固若金汤，万无一失。如果明朝将领是庸懦无能之辈，只能望寨而兴叹，无所作为，必败无疑。但李成梁不同于那些庸将，他是一个富有韬略的大将军，世代居于辽，对这里的山川地形无不悉知，况且他多年同女真人战斗，积累了相当丰富的作战经验。他下决心剿灭阿台，做了充分准备。其中，他特别起用女真人尼堪外兰做向导，为他提供咨询。

李成梁把军队分做两路：他自率一部攻阿台所据古勒山寨，另一路以辽阳一名副将为帅，专攻阿台的同伙阿海酋长的营寨。阿海不堪一击，明兵一到，其部属纷纷逃遁，很快将城寨攻克，击杀了阿海，就回军赶至古勒山，与李成梁军汇合。但李成梁的进攻很不顺利，山城易守难攻，明军多次强攻都没有奏效。阿台十分骁勇善战，屡次亲自出马，绕山寨冲杀，明兵伤亡很重。

努尔哈赤的祖父觉昌安一听说古勒山寨遭到明军进攻，很担心他的孙女的安全（嫁给阿台为妻），为了使孙女免于战难，也为着城内居民减少伤亡，便同努尔哈赤的父亲塔克世一同进城，打算劝说阿台投降。当时，按清朝官方史书的说法，原来，建州女真图伦城的城主尼堪外兰仅是图伦城的一个小酋长，却很有野心想当建州主。他的势力很小很弱，不足以对付强大的部族，便想利用明朝的实力来消灭他的劲敌。李成梁进攻阿台，就是他挑唆的结果。后来，他里通明朝，引导攻城，向城上守军喊话说："李太师有令，谁杀死阿台，谁就做古勒城的城主。"城里的人信以为真，群起而将阿台杀死，向明朝投降。但李成梁违背诺言，将投降的人引诱出寨，然后，不分男女老幼全部屠杀。据明人载，此役斩首2000余级。

后来，城里出现内奸，城被攻破，努尔哈赤的祖父觉昌安和父亲塔克世也不幸死于战火。努尔哈赤得知噩耗后，勃然大怒，诘问明廷："祖、父无罪，何故杀之？"明廷称："汝祖、父实误杀"。于是给敕书30道、马30匹作为赔偿，并命努尔哈赤袭父职，任建州左卫指挥。

李成梁攻杀阿台而导致努尔哈赤的父、祖被害，是当时最重大的历史事件。有关这一事件的内幕及其全部过程，向为史家所重视。以上所重现的历史真相，是据清朝官书的记载来描绘的。明人的记载则不尽相同，特别是在至关重要的情节上差异颇大。如《东夷考略》认为，李成梁征阿台，觉昌安、塔克世"从征"，担任"向导"，死于"兵火"。《东夷奴儿哈赤考》载：先是，阿台将觉昌安传来，令其归顺，合谋犯明以报父仇，觉昌安予以拒绝，阿台将他扣留不放。当李成梁来攻时，塔克世因父亲在内，慌忙前去救护。在混乱中，觉昌安被烧死，塔克世被明兵误杀。《建州私志》记叙此役：成梁用火攻其中坚，经两昼夜，射死阿台，等等。根据这些说法，可以认为：觉昌安、塔克世一向"忠明"，且与李成梁关系密切，他们父子被召来"从征"，做"向导"，并利用他们父子与阿台的亲戚关系，动员或劝告阿台放弃抵抗，接受招抚，可收不战而胜之效。这些都是合情合理的，因而是完全可能的。清人主要是他们的后人不愿把祖宗曾助明人而叛亲戚（阿台）之谊的史实传之于世，以此有损名声。至于尼堪外兰这个人物，在明人所著史书中几乎完全不载。事后，努尔哈赤对父、祖之死，穷追不舍，要问个明白。后来，调查清楚，其父、祖之死，是因尼堪外兰的挑拨和唆使。

尽管后来明军送还了觉昌安和塔克世的遗体，明朝廷又赏给努尔哈赤30匹马，并封努尔哈赤为指挥使，但努尔哈赤怒气未消，又不敢直接同明朝冲撞，便迁怒于尼堪外兰。不久，努尔哈赤以父祖"遗甲十三副"起兵复仇。自此他"收集旧部，生聚教训，阴有并吞诸部之志"，开始投入了统一女真的斗争。努尔哈赤对内在政治上"定国政，戢盗贼，法制以立"；经济上加强"互市交易，以通商贾，因此满洲民殷国富"；军事上建立一支"出则备战，入则务农"，既能打仗，又能生产的部队。他对外推行"远交近攻之术"，一方面积极拉拢蒙古、朝鲜，给予蒙古"厚赏"，"互相结亲"，向朝鲜表示"永结欢好，世世无替"。同时与明王朝仍然保持臣属关系，"遣使通好，岁以金币聘问"，并且亲自赴京师朝贡八次，向明廷述职进贡，还"送所掠人口，自结于中朝"，以取得明廷的信任。于是官职由指挥升为都督佥事、左都督，直到龙虎将军。另一方面对邻近的女真各部则采取"恩威并行，顺者以德服，逆者以兵临"的办法，以加速统一女真诸部的进程。

努尔哈赤的统一大业，首先是从建州本部开始的。当时建州女真分为建州和长白山两大部，建州有五部，这些部下又有许多部落城主，互不统属，各自占地称雄。万历十一年（公元1583年）五月，努尔哈赤率领部众进击尼堪外兰的图伦城，并约定萨尔浒城城主诺米纳率军来会，由于诺米纳背盟，走漏了消息，虽然攻占图伦城，但是尼堪外兰却逃往嘉班城。同年八月，努尔哈赤又领兵攻打嘉班城，因诺米纳再次给尼堪外兰通风报信，使他又一次逃脱，奔往鹅尔浑城。努尔哈赤两次兴兵进攻尼堪外兰，以图复仇，都未能得手。努尔哈赤的这场统一女真的战争，史称"努尔哈赤十三遗甲起兵"。

第二章

恩威并施，布德于民

　　努尔哈赤为报仇起兵，同时也是为了壮大自己的实力。少有壮志的努尔哈赤一心想统一女真，实现自己的远大抱负。然而，要想实现这个目标并不容易，他在战争初步胜利的时候就遭受到了强大地反击。努尔哈赤经过统一建州女真，智破九部联军，消灭哈达，兼并三部，终灭叶赫等一系列的战争之后，终于完成了统一大业。随后，努尔哈赤称汉建国，发展经济等，对巩固既得政权有着重要的意义。

恩威并行，统一建州

努尔哈赤十三遗甲起兵之后，虽然攻占了图伦城，但是由于每次的进攻都泄密了，所以，尼堪外兰每次都逃脱了。不仅如此随着战事的扩张，努尔哈赤也面临着越来越严峻的形势。

为自己的祖父和父亲报仇，努尔哈赤就不得不将中间的这些小部落统一在自己的周围。但是如果一味地用武力进行攻打，又担心自己树敌太多。努尔哈赤经过一段时间的深思熟虑，决定实行两条策略来对待这些分散的小部落。能够联盟的争取结成联盟，让他们围绕在自己的周围，先礼后兵。实在争取不成，再以武力征服。这样做的话不仅可以替自己的父祖报仇，同时还可以完成女真族各部落的统一，结束女真族各族之间混乱纷争的局面。

明万历十二年（公元1584年），努尔哈赤带军行到董鄂部的翁鄂洛城一带。努尔哈赤端坐在帐中，左右两边分别坐着部落里很有威望的族人，他们正在商量如何联盟翁鄂洛城的事。努尔哈赤说道："先前的作战方法我开始觉得不妥，其实有些时候，战争未必会使对方折服。所以后来我想到，如果跟各部之间联盟，不但可以减少战争和伤亡，还能增加我们部族的实力。翁鄂洛城虽然在实力上不是很大，我们也可以采取联盟措施。"其中一个族人说："首领说得对，如何能不战而胜，对我们来说也是件好事。如今各部族之间势如水火，几乎没有各族之间联盟的事发生。我们恰好可以利用这个机会，和各族之间联盟。但是我觉得他们未必会接受联盟，对女真族而言，接受联盟其实就是承认自己实力不足，有归顺他人的意思。首领难道就没有考虑过？"

努尔哈赤沉声说："这正是我所顾忌的，不过话说回来，不战最好，战也是被迫之策。我没有给他们把路堵死，他们可以选择。如果执迷不悟，那么我就只好动用武力了。"族人说："不错，如果他们不接受联盟，我们也不能因此就放弃复仇的计划。我想首领还是派去一个人过去跟他们的城主去交涉一下，如果他们不接受，我们就只能动用武力来解决问题了。"努尔哈赤点了点头说："这个主意不错，我马上派人去翁鄂洛城。"但是，努尔哈赤还是做好了随时进攻的准备。使者见到翁鄂洛城城主，把努尔哈赤交代的说了一遍。城主立刻大怒说："什么联盟，不就是想让我们投靠他，听他的号令？想让我投靠他，简直是痴人说梦。你既然有胆子来，那我就留你下来！"说完，就杀了来使。努尔哈赤听到使者被杀的消息后，虽然心中早有准备，但还是非常愤怒，于是，他命令手下召集队伍，准备攻打翁鄂洛城。

在翁鄂洛城下，翁鄂洛城城主命令城上的士兵们放箭。努尔哈赤急忙把部队撤到了一排房子中，利用房子做掩护，同样用弓箭回击敌军。霎时间，漫天的箭犹如雨点一般朝对方飞过去。因为相隔距离比较远，双方的伤亡人数不太严重。看到这样的形势，努尔哈赤心里着急，便爬到了房顶上，站在一处有利射箭的地方，朝城上的敌军一连射了6箭，5名敌军当场中箭身亡。城墙上顿时发生了一阵骚动，敌军相互张望，表情极其惊恐。

城主躲在安全的地方朝士兵大喊："不要乱射，对准房顶上那个人，擒贼先擒王！"城中有位大将叫鄂尔果，箭术在城中堪称第一。他把弓箭对准努尔哈赤，猛地拉弓，"嗖"的一声，箭直奔努尔哈赤，射中了他的头部。箭射穿了头盔，入肉足有一指。努尔哈赤使劲把箭拔了出来，继续拉弓射敌。敌军城主见努尔哈赤只是受了点轻伤，大骂鄂尔果："你射得这么准，却没有一点力度，如何配做我城中第一射手！"鄂尔果心中气愤，却不敢顶撞，拉弓重新瞄准努尔哈赤，却再也射不准了。

努尔哈赤边射箭，边对身边的士兵喊："大家一鼓作气，把城上的所有贼兵全部消灭。"这时有个叫洛科的副将对准努尔哈赤又射出一箭。努尔哈赤只觉得突然一股钻心的疼痛，那支箭射中了努尔哈赤的脖子，拔出箭时竟然还带出肉来，鲜血顿时顺着脖子流了一身。战斗非常激烈，敌人顽强抵抗。部下要搀扶努尔哈赤下房。努尔哈赤说："大敌当前，我这个做统帅的绝不能先行退下去。不用管我，赶紧杀敌！"但是，他话刚说完就晕了过去。左右的将领把努尔哈赤扶下房顶，进行治疗。

当士兵看到努尔哈赤负伤了还英勇作战的时候，顿时士气大增，经过数次的厮杀和进攻，翁鄂洛城终于被攻破，城主也被努尔哈赤手下的将领捕杀。城破以后，在被俘虏的敌军中，有士兵发现了射中努尔哈赤的两个人鄂尔果和洛科，便把他们押到努尔哈赤的帐中。

这个时候，很多士兵都想杀死这两个人，然而，还在休养的努尔哈赤却制止了。他走近两人跟前看了看，亲自解开他们身上的绳索，说："战场厮杀，他们也是效忠于主人。能射中敌人就是本事，也证明我作战大意。像他们这样的人，就是死在战场上还让人觉得可惜呢，为什么要杀死？"说着，他回头对鄂尔果和洛科说："你们射伤我，我不会怪罪你们，更不会杀了你们。我知道你们都是忠心为主的忠勇之士。你们做个决定吧。现在你们的城主已经战死，如果想跟着我，我定不会亏待你们；如果你们决意要走，我也绝不阻拦。"鄂尔果跪在地上说："作为败军之将，就是被杀我也不会怨首领。被俘虏的时候，我就已经抱了必死的决心。现在我不那么想了，既然首领肯收留我，我便跟随您，肝脑涂地在所不惜！"努尔哈赤点点头，扭头看了看洛科。洛科也说："我也愿意追随首领，为首领效力。"

努尔哈赤很高兴，叫下人端来一壶酒，给每人斟了一杯。一杯酒下肚，似乎以前的事情都一笔勾销了。随后，努尔哈赤让他们统率300人。努尔哈赤这种以德服人的方法，在征服人心上收到了很好的效果。在接下来的战争中，努尔哈赤一直坚持这样的策略，先礼后兵，以德服人，恩威并施。

万历十三年（公元1585年）二月，努尔哈赤进兵界凡城，大败界凡、萨尔浒、东佳、巴尔达四城联军，在太兰岗射死界凡城主巴穆尼。四月，努尔哈赤领兵征哲陈部，又打败托漠河、东佳、巴尔达、萨尔

努尔哈赤雕像

浒、界凡五城联军。九月，努尔哈赤攻占安图瓜尔佳城，城主诺谟珲被杀。接着又攻克浑河部的克贝欢城和哲陈部的托漠河城。从此，努尔哈赤的势力大增。万历十四年（公元1586年）七月，他率领大军征讨尼堪外兰盘踞的鹅尔浑城，尼堪外兰闻讯逃往明营躲藏。努尔哈赤派人向明营强求索取，明朝边将认为尼堪外兰已是丧家之犬，留着没有任何用途。所以决定抛弃他，便把此意告知努尔哈赤，努尔哈赤命斋萨率40人赴明营杀了尼堪外兰，报了杀害祖、父之仇。

万历十五年（公元1587年）八月，努尔哈赤遣额亦都领兵攻取哲陈部的巴尔达城，然后，他又亲率大军攻占哲陈部的洞城，灭了哲陈部。万历十六年（公元1588年）四月，苏完部长索尔杲、董鄂部首领何和理、雅尔古部长扈拉瑚等，先后率众归附。九月，努尔哈赤率兵攻克完颜城，灭掉完颜部。这样，努尔哈赤用五年多的时间统一了建州女真本部，"环满洲而居者，皆为削平，国势日盛"。接着，努尔哈赤又于万历十九年（公元1591年）正月，兼并长白山的鸭绿江部。至此，努尔哈赤统辖的区域，西起抚顺，东至鸭绿江。北接开原，南连清河。建州女真的大部分被统一起来了。

独战群雄，智破联军

在努尔哈赤基本完成对建州女真的统一后，开始向建州以外的女真各部用兵，首先攻取的目标是长白山鸭绿江部。该部在董鄂部的东南，

因居鸭绿江沿岸而得名。比起建州女真，它是个比较弱小的部落，攻取并不难。万历十九年（公元1591年），努尔哈赤派兵前往攻取，一举攻克，将长白山鸭绿江部该部并入建州。

随着努尔哈赤日益强盛，导致与海西四部，即哈达、叶赫、辉发、乌拉的矛盾和冲突。叶赫部纳林布禄持强遣使赴建州，向努尔哈赤强行索地，责令归顺，结果被"叱之归"。不久，纳林布禄又伙同哈达、辉发再次派使臣到建州。当时，叶赫的使者图尔德首先发言，阐明此行的目的。他预料会激怒努尔哈赤，便挑明说："我受主人的委派，向您转达他的想法，想说又怕触怒您，受到责备。"

努尔哈赤很不以为然，说："你的主人的话与你无关，为什么要责备你呢？如果你的主人口出恶言，我也以恶言相回报。"图尔德不再客气，开门见山，说："过去，我们要你的土地，你不给，让你归顺，你又不从。如果两家化为仇敌，只有我们的兵能踏践你的土地，而您的兵敢踏上我家的土地吗？想必是不敢吧！"果然，图尔德的一番话把努尔哈赤给激怒了，他愤然站起身来，说："你主兄弟两人，什么时候和人打过仗吗？往年你们趁火打劫，你们根据什么把制伏我也看得那么容易？你们的边境，真的有高墙可以阻挡我吗？我即使白天不去，晚间也能去你处，你们能把我怎么样？你们口出狂言，虚张声势，究竟想干什么？当年，我父祖被大明误杀，给我敕书30道，马30匹，送还尸首，坐受左都督金事，续封龙虎将军大敕一道，每年给银800两，蟒缎15匹。你的父亲也被大明所杀，他的尸首，你们收取到了吗？"

努尔哈赤义正辞严的反驳，图尔德等自然无话可说。努尔哈赤余怒未息，命将他刚才说的话写成信，派人送到叶赫。行前，他对使者发出指示："你到了叶赫，要当面念给他们听；你若胆小，不敢念，就留在那里吧，不要再来见我！"然而，信是送去了，但因被纳林布禄的弟弟事先制止，使者没有当面诵读。努尔哈赤这样做，无非是极力表现出他的勇敢和自信，以及对强大的扈伦诸部的蔑视。当时，不仅叶赫这样大的女真部落反对努尔哈赤的统一，并屡次发出挑战的信号。长白山部所属珠舍里、讷殷二部，本是两个弱小的部落，他们也敢先发制人，共同勾结叶赫出兵，将建州东部叶臣所居的洞寨劫去。消息传来的时候，努尔哈赤非常震惊，但是考虑到实力不足，难以进攻叶赫同各部的联合对抗，一时无可奈何，但却充满信心地说："任凭他们掠夺好了，珠舍里、讷殷是我同一部族，竟敢投靠遥远的叶赫，劫掠我寨！我说：水必下流。珠舍里、讷殷二部必为我有！"。

努尔哈赤这样说也是有根据的，因为，在此之前，努尔哈赤与哈达、叶赫早已结为姻亲，做了两部的女婿。万历十六年（公元1588年）四月，哈达王台的孙女、扈尔干的女儿，由她的哥哥亲自交给努尔哈赤，与之成亲；同年九月，努尔哈赤又娶了叶赫已故酋长扬吉努的小女儿为妻，她的哥哥纳林布禄，亲自送她与努尔哈赤成婚。她就是未来的皇太极的生母。

在当时的政治格局中，南关哈达部自王台，经其子扈尔干，再传至其孙，三代相沿，忠于明朝；北关叶赫并不驯服，前叙清佳努与扬吉努兄弟俩，已被李成梁斩杀。从此北关势力被削弱。清佳努之子布寨、扬吉努之子纳林布禄不得不屈从于南关的势力。南关哈达部出现内争，其势也有所削弱。原来，王台有五子，他死后，由第五子孟格布禄袭爵龙虎将军、左都督，明朝予以承认，发给他敕书，命他约束布寨和纳林布禄及所属部众。哈达本与叶赫也有亲戚关系。王台的妻子之一，是清佳努和扬吉努的妹妹，孟格布禄即为其所生。王台死后，他的另一子康古鲁便与后母结了婚。他们都亲近北关叶赫，既与其长兄扈尔干因争财产而矛盾很深，又结伙共同对付歹商。明朝支持歹商，囚禁了康古鲁，兴师讨北关，布寨、纳林布禄只好"乞哀"认罪。

努尔哈赤与两部先后通婚结亲，目的是想保持同海西女真的和平友好关系，而集中力量统一建州。这也是远交近攻的策略。哈达与叶赫两部同努尔哈赤结亲，目的是笼络建州的这个新人物，借以牵制他的发展。当努尔哈赤把统一目标逐渐扩大到建州以外，叶赫等部不能坐视了，先以威胁、索要土地为政治手段，企图使努尔哈赤就范。遭到拒绝后，叶赫等部转而采取军事手段，企图给努尔哈赤一次毁灭性打击，也因此酿成了古勒山大战，即努尔哈赤与叶赫等部联军的一场决战。

万历二十一年（公元1593年）六月，纳林布禄见压服努尔哈赤不成，就决定诉诸武力，拉拢哈达、乌拉、辉发三部，合兵进攻建州的布察寨。努尔哈赤率兵反击，攻入哈达部，在富尔佳齐寨与哈达兵相遇。努尔哈赤令兵先行，他独身殿后，引诱敌兵入伏围歼。敌兵冲至前面的有一骑，举刀照努尔哈赤砍来，后面还有二骑赶来助战。正在千钧一发之际，努尔哈赤迅速发出一箭，正射中前面第一骑的马腹，马惊而逃；后面三骑一齐杀来，努尔哈赤坐骑惊悸，狂跳不止，几将他掀下马来，幸亏他的右脚紧紧扳住鞍蹬，才没有掉下来。他重新稳住身子，随即发出一矢，射中其中一骑，马扑倒在地，把马上的人也摔了下来。此人正是哈达酋长孟格布禄，他的部将冲上前，将自己的马给他，他翻身上马，逃命去了。努尔哈赤只率3名骑兵、20名步兵同哈达的追兵激战，斩12人，获甲6副、马18匹而回。

同年九月，叶赫部贝勒布寨、纳林布禄纠合哈达、乌拉、辉发、科尔沁、锡伯、卦勒察、讷殷、朱舍里，组成九部联军，共3万人马，分3

路进犯建州。

努尔哈赤得到九部联军进攻建洲的情报后，心里十分不安，他没有想到他们一下子能聚集九部的兵力。相比之下，自己的兵力只是敌人的一半，明显处于劣势。于是，努尔哈赤便开始积极备战，组织防御。

同时，为了及时掌握军情，努尔哈赤派了最有经验的武将前去侦查。这天夜里，武将匆忙赶回来回报："九部联军从扎喀方向出发，在傍晚时分已经来到浑河北岸。营寨里的篝火一直铺到天边，跟天上的星星连在一起，分辨不清哪里是星星哪里是篝火。他们打算吃过晚饭连夜朝我们进发，明天一早恐怕就要刀兵相见了。"听到敌兵进犯的消息，努尔哈赤开始思考如何退敌。他想到九部联盟的军队整整是自己的两倍，以自己目前的实力来说还不能跟他们相抗衡。但是那所谓的九部联盟中，除了叶赫部把自己看作眼中钉以外，别的部落平时和自己也没什么大的仇恨。而且这当中实力最强的就是叶赫部，要是能打败叶赫部的军队的话，其他的军队就会不战而逃。但是，怎么才能让叶赫部跟其他的部落分开呢？他想到了古勒山。古勒山离黑济格城不远，地势险要，如果把兵力全部集中在那里进行埋伏，再派一支部队引出敌军，叶赫部的叶赫贝勒布寨和纳林布禄一定会带兵冲在最前面。把敌军引到古勒山下，进行突袭，敌军势必会大乱，那时候凭着自己的兵力单单对付叶赫部的军队还是不成问题的。只要能大败叶赫部的进攻，其他的军队也就不足为虑了。

努尔哈赤沉思了一会儿，打定了主意，就对身边的人说："传令下去，全军休息，天亮出兵。"将领一时愣在那里，心想都大敌当前了，怎么还跟没事似的。但是想归想，他们还是马上把这个消息传了下去。

天已近拂晓，敌军的战号声不时地传来，整个军营人心惶惶。努尔哈赤的继妻富察氏十分惊慌，站在窗前听了一会儿，不见有什么动静，急忙跑到床边把努尔哈赤推醒说："九部联军就要打过来了，你听听这战号声，就一点也不着急么？我真不知道你是糊涂了，还是害怕了。"努尔哈赤抬抬眼皮，又重新闭上，笑着说："我要是害怕，还能睡得这么踏实么？因为我不害怕九部联军打过来，所以才睡得这么安稳。"

富察氏听得有些糊涂，以为努尔哈赤得了病在说胡话，忙用手摸了摸他的额头。努尔哈赤躲闪说："我早就有了安排。刚开始听到叶赫兵三路来侵，却没定什么日子，我心里很不安。现如今叶赫大军已到，我的心也放下了。"说完继续睡去。

天亮以后，努尔哈赤披挂整齐。然后，他把兵马带到拖索寨，自己站在渡口处，命令兵士解开"蔽手"、"护项"，都留在此地，说："我兵轻便，必获全胜！"所谓"蔽手"和"护项"，都是打仗用的防护手臂和脖颈的装备。把这些东西卸下来，减轻士兵身上负担，便于轻装作战，增加取胜的机会。士兵们卸下这些装备，努尔哈赤率领他们行军至扎喀关。守将奈虎、山坦报告：叶赫兵于早晨攻关未果后，转向黑济格城去了。努尔哈赤又命探子反复侦察，知道敌兵甚多。恰巧，从叶赫营中逃来一人，详细而准确地报告了九部兵数3万。兵士们听后无不感到忧虑，有的怕得很，失去了夺取胜利的勇气。

这时，努尔哈赤一点也不惊慌，先安慰说："不必忧虑，我不会让你们白白送命的。"原来，他胸有成竹，已想出破敌的妙计。随后宣布他的作战方略：第一，诱敌深入。我据险要，诱彼来战，彼来我迎；诱而不来，我则四面分列，步行徐徐进攻；第二，专攻头目。敌兵九部，首领很多，杂乱不一，不过是乌合之众，退缩不前；若领兵前进者，必定是首领、头目，我兵见之，一定要全力攻打。只要伤一两个头目，敌兵必乱而败走；第三，集中兵力。我兵少，但集中，并力一战，必能获胜。将士们领会了努尔哈赤的作战方略，军心顿时安定下来，信心倍增。

这个时候，九部联军经过一天一夜进入建洲境内，他们先包围了扎喀寨。扎喀寨地势险要，易守难攻，经几次攻击后，仍然攻不下。九部联军显得不耐烦，遂转而攻打黑济格城，并在那里安营扎寨。叶赫贝勒布寨把头盔放在桌子上，表情显得有些紧张。纳林布禄见状问：“出什么问题了吗，脸色怎么这么难看？”布寨叹了口气说：“派去的探子刚刚回来通报，说努尔哈赤全军居然一点动静都没有。甚至军营之中连亮着灯的都没有，全都去休息了，你不觉得很反常很奇怪吗？”科尔沁部族首领正在朝帐篷里走，听到谈话，立刻大笑说：“你这样未免过于小心谨慎了，他们这样做其实就是想效仿古人，给咱们来个‘假阵’，想让咱们摸不清他们的虚实。这种低级的策略骗不过我的眼睛，倒把你给蒙住了。”布寨说：“可能是我太多心了，不过努尔哈赤这个人阴险狡诈，我们还是小心为妙。”

努尔哈赤率兵登上了距黑济格城不远的古勒山，首先抢占了有利地形。在做这步之前，他一直担心九部联军会抢先自己一步占据这里，于是他想出了一个按兵不动、静等其变的方法来迷惑敌军。敌军果然上当，他们以为努尔哈赤是在摆幌子，也没有急于先出兵。随后，努尔哈赤派勇将额亦都率领精兵百人，前往黑济格城附近挑战。布寨见敌兵来得这么突然，心里顿时产生了一丝疑虑，不是摆了个“假阵”吗？怎么又突然改变了，难道是自己估计错了？事到如今也只能兵来将挡，水来土囤了。“放弃攻城计划，全军击杀来袭之兵！”他朝传令官喊。

两军交战了几个回合，额亦都掉转马头佯装败阵带军朝回跑。联军不知是计，纳林布禄朝士兵大喊：“给我追，不要让他们跑了。”士兵就追着敌兵到了古勒山下。这时候，额亦都突然把马调了回来，朝敌军冲过去，一连砍杀了多人，敌军前头部队顿时混乱起来。布寨随后赶到，额亦都见状又催马朝山上跑去。布寨领头率兵上山追去。努尔哈赤站在山头观战，看到额亦都已经策马来到山顶，布寨率兵紧追不舍。便对身边的副将命令："放滚木、礌石！"

"轰隆隆"一阵巨响，滚木、礌石接二连三地朝半山腰砸去，而此时的布寨正好率兵追到这里。一根滚木砸在了布寨坐骑的马头上，布寨被甩在了地上，他挣扎着正要爬起来，被山上冲下来的士兵一刀砍死。

正如努尔哈赤所预料，布寨作为叶赫的贝勒、纳林布禄的兄长被杀，叶赫兵皆号啕大哭，马上丧失了战斗力；所有同来的各部头目，闻风丧胆，谁也不顾自己所属兵马，自个儿逃命去了，各部联军大溃乱，努尔哈赤抓住战机，纵兵追杀，到处留下了尸体。后面的纳林布禄见布寨被杀，暗叫不好，伸手拦住继续前行的士兵，痛哭说："我们中努尔哈赤的奸计了，速速撤兵！"

古勒山以崎岖陡峭著称，山下的苏克素护河西岸是一片沼泽地，3万士兵拥挤在一路，犹如一条长蛇。风声鹤唳般的恐惧，使长蛇阵很快溃不成军。努尔哈赤见联军败阵逃走，命令吹响螺号，霎时间，伏兵四起，努尔哈赤大喝一声带着士兵冲杀过去。满洲军如猛虎下山直逼联军，马上便截断了联军的退路。联军这时已经找不着东西南北，只顾埋头死逃，见前面也有敌军堵着，一时间绕起圈来。努尔哈赤带兵冲进联军内，抡刀狂砍，杀得联军人仰马翻，人喊马嘶，响彻了整个山谷。

联军在这场战争中失败得惨不忍睹，仓皇逃命的蒙古科尔沁贝勒因战马陷入泥潭，弄得丢盔弃甲，全身无一衣物遮掩，赤身裸体地跳上匹无鞍马，狼狈地逃走。激战一天一夜，九部联军惨败，努尔哈赤大获全胜。后人将这场战争称之为大败九部联军之战。

战斗结束后，有一士兵俘获一个人，押来见努尔哈赤。努尔哈赤问他："你是什么人？"被俘者叩头说："我就是乌拉部首领满泰之弟布占泰。"努尔哈赤感到意外，没想到把这样一个重要人物也给俘虏了！他心中一阵惊喜，免不了对布占泰先是一顿斥责："你们会合九部兵马欺害无辜，上天都抛弃了你们。昨天，布寨已被杀死，当时如捉到你，你必死无疑！"说到这里，话锋一转："今天既然见到你，怎能杀你？俗话说：生人之名胜于杀，与人之名胜于取。"说完，命侍卫给他松绑，当即赐给他一件裘衣。当时已经是十一月初旬，天气很冷，赏给他这件贵重毛皮裘衣，表示格外优待。布占泰自然很感激努尔哈赤的施恩。努尔哈赤没有让他回乌拉，而是把他留下养起来。谁都明白，努尔哈赤的做法，实际是把布占泰当作人质扣留，以便制约乌拉部同叶赫等部的再度联合。这次空前的激战，史称"古勒山大战"。经过此战，努尔哈赤"军威大震，远迩慑服"。

在这场战争中，我们看到，努尔哈赤在孤立无援的危机情势下，独战九部群雄，一战而胜之，他的声望、影响及实力与之俱增，迅速发展，势不可挡。九部联军被击溃，从此一蹶不振，再也不敢联合对付努尔哈赤了，随后被努尔哈赤各个击破。

战争刚结束还不到一个月，努尔哈赤就招降了珠舍里部；接着，派额亦都等三将，领兵1000，攻围讷殷部所属佛多和山，历时三个月攻克，其首领被杀。万历二十三年（公元1595年）六月，努尔哈赤亲自率兵出征辉发部，攻克多壁城，斩其守将，凯旋而归。努尔哈赤的势力向东北扩张，越出今辽宁省境，已达今吉林省辉南县境。

古勒山之战是女真统一进程的转折点，从此建州女真和海西女真的力量对比彻底改变了，努尔哈赤军威大振。古勒山大战之后发生的另一个变化是，曾参加九部联军的蒙古科尔沁部采取主动，遣使向建州部表示友好，努尔哈赤很高兴地接受了他的诚意；蒙古喀尔喀部也首次遣使，与努尔哈赤建立了友好关系。在他们的影响下，蒙古各部长纷纷遣使向努尔哈赤靠拢，形势开始扭转。

努尔哈赤在打败九部联军，继而逐个击破一些部落之后，便将眼光放到了海西女真那里，在随后的时间里，努尔哈赤便开始了统一海西女真的战争。

消灭哈达，兼并三部

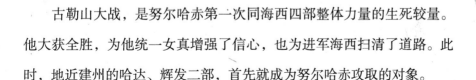

古勒山大战，是努尔哈赤第一次同海西四部整体力量的生死较量。他大获全胜，为他统一女真增强了信心，也为进军海西扫清了道路。此时，地近建州的哈达、辉发二部，首先就成为努尔哈赤攻取的对象。

然而统一海西四部的进程并不容易，努尔哈赤只能选择时机将四部各个击破。当时，哈达部与乌拉部同出一祖，姓纳喇，其部原名扈伦，居于今黑龙江省呼兰河流域。后因女真动乱，南移至距开原四百余里的松花江一带，即今之吉林市附近地区。从始祖速黑忒，二传至克什纳，不幸死于家族内讧，克什纳的次子旺济外兰南逃至今辽宁小清河畔哈达地，收拾诸部，就在明朝广顺关外建城，自号本部为"哈达"，他自称"哈达贝勒"。建国之时，正当明嘉靖朝中期。

在海西四部中，哈达最先强盛，称霸于海西，一度为四部盟主。哈达最忠于明朝，因而得到明朝的强有力的支持，这也是它能号令海西女真的重要原因之一。在王台、扈尔干（虎尔罕赤）父子相继去世后，家族分裂、火拼，王台的第五子孟格布禄继任哈达贝勒，势力大衰，远不如昔日，在四部中已失去盟主地位，最后被正在迅速崛起的叶赫取而代之。在参与了九部联军进攻努尔哈赤的军事行动中，遭到失败后，哈达部一蹶不振。

万历二十五年（公元1597年），哈达、叶赫、乌拉、辉发四部酋长联合采取了一次和平行动，共同遣使要求同努尔哈赤重建和平友好关系，他们说："因为我们不道，已经在古勒山败兵损名，从今以后，我们一定更守前好，互相结亲。"四部这样说，实际是向努尔哈赤赔礼道歉。努尔哈赤也需要一段和平时期，积蓄力量，待机而动。他很痛快地接受了哈达等四部的友好表示，杀牛设宴款待。为表示和平的诚意，他们按照女真人的古老习俗，宰白马、削骨，设酒一杯、肉一碗、血与土各一碗，郑重举行仪式，向天地盟誓，他们各出自己的誓言，指天地为证，表述他们和平的决心。哈达四部各说一遍相同内容的誓言："自今以后，若不结亲和好，就像这被杀的牲畜的血，被踩踏的土地，被削骨而死；如实践誓言和好，吃了这肉，福寿永昌！"最后，轮到努尔哈赤宣誓："你们履行盟言，一切都好说；如不然我可以等你们三年，果真不相好，背盟而弃誓言，我必统兵讨伐。"从努尔哈赤说话的口气看，他并不是平等地同他们共同承担义务和责任，而是要哈达四部向他做出和平的保证，他则充当了和平的监察人，以三年为期，做为考察的期限。如若违犯，他有权征伐他们。努尔哈赤的话，与其说是誓言，不如说是警告，施加压力，颇有威胁的意味包含于其中。

这次盟誓，实际是以哈达等四部为一方，以努尔哈赤为另一方。但对于四部而言，彼此也互相承担已做出的保证，同样具有约束力。他们的根本目的是鉴于古勒山大败，暂时无力同努尔哈赤抗衡，就必须修复已破裂的关系，稳住努尔哈赤，约束他不能继续发动进攻，他们将利用战后的暂歇，重新做好准备，以图东山再起。

万历二十七年（公元1599年），盟誓才过去不到两年，哈达便跟叶赫发生了军事冲突。本质的问题是，叶赫想吞并哈达，进一步想控制整个女真。哈达不甘心屈从于叶赫，以武力抗争。万历二十五年（公元1597年）所定盟誓破坏无遗。

战争中，哈达无力抵抗，其首领孟格布禄将三个儿子送到努尔哈赤那里为人质，求建州出兵相助。这为努尔哈赤进军海西提供了难得的机会，他毫不迟疑地答应了孟格布禄的请求，选派大将率二千兵力前往哈达支援。努尔哈赤出兵援助哈达，对叶赫构成严重威胁。叶赫不愿看到哈达倒向建州一边，因而设法对建外与哈达的关系加以离间。酋长纳林布禄筹划成一计，指使明朝开原"通事"（女真语或蒙古语的翻译）携带他的一封信给孟格布禄。信的大意是：你逮住努尔哈赤派来增援的两名将领，以此要挟，把你的三个做人质的儿子赎回来，并趁机消灭两千援兵。你能这样做，我们两国仍和好如初。在此关键时刻，孟格布禄权衡利害关系，又倒向了叶赫。他与叶赫约定，在开原举行谈判，命自己的两个妻子代表他前往商谈。

最后，孟格布禄居然动摇了，准备背叛建州而亲近叶赫。努尔哈赤得知消息后，便于万历二十七年（公元1599年）九月出兵哈达，其弟舒尔哈齐勇跃请战："可让我当先锋官。"努尔哈赤便交给他一千兵马，在前面开路。抵达哈达城下，孟格布禄命将出城迎战，军容颇盛。速尔哈齐不免犹豫，按兵不战，还对努尔哈赤说："他们出城迎战了。"努尔哈赤看出弟弟胆怯，很生气地说："我们是因为哈达没做准备才来的吗？"他愤怒地命令舒尔哈齐："你兵向后，给我闪开！"说完，就亲率军队，环城而攻。城上守军一齐射箭，努尔哈赤的军队不及防，受伤甚多。经过六昼夜的激战，终于将哈达城攻占，并俘获孟格布禄。努尔哈赤命令不许伤害。孟格布禄跪在努尔哈赤面前，努尔哈赤以礼相待，把自己用的貂皮帽和豹皮褂子赏赐给他，给予恩养。

哈达城被陷，孟格布禄被俘，所属之城都放弃了抵抗，接受努尔哈赤的招抚，缴械投降。举凡受降的军士器械，民户百姓和财物，都秋毫无犯。这时哈达实际上已经灭亡了。哈达部亡后，又发生了一系列戏剧性的事件。努尔哈赤本无意杀孟格布禄，还打算把自己的女儿嫁给他。然而孟格布禄竟与努尔哈赤身边的"嫔御"私通，据说他又跟他人密谋，企图篡夺努尔哈赤的权位。阴谋败露，努尔哈赤忍无可忍，下令将孟格布禄及通奸的嫔御等人一起处死。

然而，这件事引起明朝的不满，明政府责令努尔哈赤退出哈达，立孟格布禄的大儿子吴尔古代为哈达贝勒。皇帝的谕旨，任何人都不得违抗。努尔哈赤自度实力不足以与明朝对抗，便乖乖听命，释放吴尔古代携其部民返回哈达。但努尔哈赤谋于深算，岂能轻易放弃哈达！他采取"和亲"之计，把原先许配给孟格布禄为妻的三女儿莽古姬，转嫁给吴尔古代，双方变成翁婿的姻亲关系，哈达不能不受努尔哈赤所控制。叶赫的纳林布禄也一心想夺取哈达，屡次联合蒙古进犯。努尔哈赤上奏明朝廷："我已从命，让吴尔古代还国了，但叶赫屡次侵掠哈达，为什么我所应获得的哈达，却受制于叶赫？"然而，明廷置之不理。

万历二十九年（公元1601年）春，哈达闹饥荒，百姓挨饿，向明开原城借粮，遭到拒绝。后来，吴尔古代向努尔哈赤借粮赈饥，努尔哈赤乘机要挟：你想借粮食可以，但是你必须归顺我。吴尔古代无奈，只好同意，便于万历二十九年（公元1601年）取消了国号，哈达部灭亡。努尔哈赤"自此益强，遂不可制"。灭亡哈达，是努尔哈赤统一进程上的一个里程碑。

就在这个时候，密切关注辽东局势的朝鲜李氏王朝，发出了惊呼："老酋（努尔哈赤）声势已张，威行于西北（从朝鲜的位置看辽东），诸胡（指女真人）莫不慑（折）服，凭陵桀惊，已有难制之渐。"兼并哈达后，努尔哈赤与叶赫、乌拉矛盾日趋尖锐，军事冲突时起，双方关系接近完全破裂的边缘。努尔哈赤避开实力雄厚的叶赫与乌拉，把进攻的目标对准了较为虚弱的辉发部。

辉发部世居松花江下游，入明朝后，隶属弗提卫。明中叶，该部族逐渐南迁，至张城地方居住。张城，地属今之吉林省伊通自治县碱场，当时则属扈伦部，与该地纳喇氏部族首领结盟，自此改姓纳喇氏。传至王机褚，收服诸部落，渡过辉发河，在临河险要之地扈尔奇山上，修筑一座坚固的城堡，自号辉发，是为建国之始。此城作为辉发都城，疆域仅次于乌拉。辖境多山，河流纵横，物产丰富，地理条件得天独厚。从政治环境上说，它处海西与建州两大集团之间，有利的方面是，交往便利；不利的是，易受到攻击，尤其是若受两方的夹攻，将使它处于十分危险的境地。

在海西四部并立时期，创建辉发部的贝勒王机褚死于万历初年。他的长子早于他去世，其孙拜音达里没及宗族推选，便发动政变，杀死了他的七个叔叔及其家属，夺取了权力，继任贝勒。他的所作所为，引起宗族和部民的强烈不满，为了躲避迫害，纷纷逃向叶赫避难，叶赫都予以收留。拜音达里慑于叶赫的强大，不敢索要逃众，只能求助于努尔哈赤。拜音达里处叶赫与建州之间，摇摆不定，但其基本倾向还是倒向叶赫一边。然而，此时努尔哈赤巴不得有人来求他，当然爽快地就带兵援助。看见建州的军队到了辉发部，叶赫部不高兴了。

叶赫提出将一女嫁给拜音达里，并且要辉发部送一个人质——拜音达里的儿子到叶赫。拜音达里同意了，立即与努尔哈赤断交，但是叶赫没有履行诺言。拜音达里只好再次求助于努尔哈赤。努尔哈赤知道现在不是追究拜音达里不守信用的时候，于是很爽快地答应再次出兵帮助，并且将自己的女儿许配给拜音达里的儿子。但是辉发部也不愿任人摆布，于是拜音达里一方面在叶赫和建州之间徘徊，一方面修筑自己的城堡，试图抵抗。

努尔哈赤一再催促拜音达里的儿子前往建州迎亲，但是拜音达里的儿子还在叶赫部当人质，当然不能迎亲。万历三十五年（公元1607年），努尔哈赤率军讨伐辉发部，拜音达里筑的城堡发挥了一定的作用，建州军队围攻了数日才打下这座城，努尔哈赤杀死了拜音达里父子，辉发灭亡。

辉发部灭亡之后，努尔哈赤便又开始进行下一步的战争。在灭掉哈达和辉发部之后努尔哈赤的面临的对手只有叶赫和乌拉了。当时，叶赫实力很强大，而经过动乱的乌拉，实力受到了削弱。经过综合地考虑，努尔哈赤决定从乌拉下手。

乌拉在建州北面，是和建州距离最近的一部。古勒山之战中，乌拉贝勒满泰之弟布占泰被建州军队俘获，努尔哈赤没有杀他，而是将之留养三年，然后送回本部。这时其兄满泰已死，在建州的支持下他控制了乌拉部，继承其兄之位为乌拉部首领。为了笼络布占泰，努尔哈赤曾五次与他联姻，七次盟誓。布占泰这个人武艺高强而又颇具才略，他不甘位居人下，尽管他很感激努尔哈赤的不杀之恩，但他不愿充当附庸。他表面上与建州和好，但私下里南结叶赫，西联蒙古，无时不忘积蓄自己的力量，而当实力大增以后便不惜与建州决裂。

万历三十五年（公元1607年）正月，乌拉部攻占下的东海瓦尔喀部，因为布占泰对待他们的态度恶劣，于是，他们就向努尔哈赤请求归附。得到这样的消息，努尔哈赤让弟弟舒尔哈齐等领兵前往瓦尔喀部迎接瓦尔喀部落人们的眷属，布占泰知道后，"发兵万人"在图们江右岸乌碣岩拦截，最后，建州兵以少胜多，大败乌拉军，斩获甚多，就连乌拉主将博克多也被代善擒杀。史书记载"斩三千级，获马五千匹，甲三千副"，这是继打败九部联军之后建州取得的又一次关键性的胜利，乌拉部的势力大衰。从此，乌拉部实力受损，锐气大减，再也不敢轻易与建州交锋。自此，通向东海诸部的大门被努尔哈赤打开了。

万历四十年（公元1612年）九月，努尔哈赤指责布占泰多次背盟，又对建州嫁给他的三女（努尔哈赤的女儿、侄女等）施虐，因此向其兴师问罪。努尔哈赤亲率大军出征乌拉，一路上不断攻克城寨，并放火将其房屋和存粮焚毁，从而将乌拉城置于一个孤立的境况之中。布占泰大为恐惧，乘船来到乌拉河中，叩首向河对岸的努尔哈赤请罪。努尔哈赤严厉斥责了布占泰，命其送人质到建州来，随后便班师回建州。但是，布占泰并未依约送人质到建州。

战争中努尔哈赤的军队既消灭了乌拉的有生力量，又收编东海女真兵多达五六千，实力进一步扩充。在这场战斗中，努尔哈赤的第二个儿子代善开始崭露头角。大败之后的布占泰有意投靠努尔哈赤，但是叶赫部也开始示好，想让布占泰站到他那边。这次布占泰彻底断绝了与努尔哈赤的联系。而叶赫部依旧是违背承诺，没有给乌拉部支持。努尔哈赤在万历四十一年（公元1613年）正月再次领军进攻乌拉，布占泰亦率三万大军迎战。建州军队奋勇冲杀，大败乌拉兵，并攻入乌拉城，最后布占泰只好投奔叶赫，乌拉部灭亡。

至此，努尔哈赤统一海西女真的斗争更进了一步。海西最有实力的四个部落，已经被消灭了三个，只剩下实力最强的叶赫部。尽管兼并这三个部落也不是很顺利，但是，后面对叶赫部的战争将更加的激烈和艰难。然而，此时统一已成为大势所趋。

终灭叶赫，统一女真

乌拉灭亡后，剩下来的就只有叶赫一部了。叶赫的先祖也是女真人的一支，当其迁至叶赫河一带，故称叶赫。从第三代齐尔噶尼始授塔鲁木卫指挥佥事，时在明成化年间。至正德初年，齐尔噶尼因侵扰明边，被斩于开原城。其子祝孔革时，一度兴旺，与哈达部争衡，被该部酋长王忠擒杀。两部遂结下仇怨。至祝孔革两孙即清佳努、扬吉努并出，招抚诸部，势力复振。两兄弟据叶赫河山川之险，筑东西两城，兄弟分住，皆称贝勒。

在当时的海西部落中，叶赫所辖领地，或指为势力所及，大体是北界蒙古科尔沁、郭尔罗斯部，东北与乌拉部相接，南邻哈达，东近辉发，西南邻近明朝边城开原。以现今疆域概算，相当今之吉林省四平、辽源、公主岭、梨树、伊通、双阳、梅河口地区，以及辽宁省北部的昌图，西丰、开原等部分地带。清、扬两兄弟所筑两城，坐落在今之吉林省梨树县叶赫满族自治乡治所叶赫镇，此处距西北方向的四平市约30余公里，东南距西丰、西南距昌图，都不超过百里。过昌图而南不足百里，就是明代辽东地区的北部"极边"——开原。向明朝进贡，取道镇北关，所以又称叶赫为北关。

在叶赫所辖地当中，部分为今之东北大平原东部地段，大部是由大平原向东部山区过渡的半平原、半台地的自然状态。它的优越性，是建州、辉发、哈达等部所不能比拟的。同建州一样，这里也是"屋居耕食，密迩边墙。"这里人口密集于辽东边墙外，耕作与生活，跟汉人无异。叶赫据此优越的自然条件和地理环境，曾几度兴旺发达。

在清佳努、扬吉努掌政，经常统兵，逐水草至辽河上游。兴旺景象，不言而喻。但是，他们叛服无常，屡遭明军的大规模围剿，二人双双被杀，此后叶赫一蹶不振。他们的儿子布寨、纳林布禄稍振叶赫雄风，后因参与哈达内部纷争，又招致明军镇压，万历十六年（公元1588年）为明辽东总兵李成梁所击破，向明军投降。数年之后，叶赫渐复元气，哈达势衰。叶赫由过去"反明"转变为"亲明"，明朝也报以支持，使叶赫成为海西四部的盟主。后组织九部联军，遭到惨败，布寨死于阵中。过了几年，纳林布禄也郁郁而死。叶赫两城仍然分治，布寨之子布扬古继承西城贝勒；纳林布禄无子，由其弟金台石继任东城贝勒。

早在努尔哈赤统一建州各部时，扬吉努就把他的女儿许配给努尔哈赤。扬吉努死后，其子纳林布禄履行父亲生前的诺言，于万历十六年（公元1588年）九月，亲自陪送妹妹到佛阿拉成亲。她以美丽、端庄、贤淑而深得努尔哈赤的欢心。从万历十六年（公元1588年）到三十一年

（公元1603年），叶赫那拉氏同努尔哈赤朝夕相伴。这期间，建州与叶赫友好相处，虽发生古勒山大战，有过短暂的冲突，但大战之后迎来了和平，双方保持友好关系不变。万历二十五年（公元1597年），叶赫、乌拉、哈达、辉发四部与努尔哈赤盟誓时，布扬古答应将自己的妹妹许配给努尔哈赤为妃，金台石则答应把自己的女儿许配给努尔哈赤次子代善。努尔哈赤分别下了聘礼，双方不征不伐。

到了万历三十一年（公元1603年）秋，纳林布禄的妹妹叶赫那拉氏忽染重病，生命垂危，很想最后见母亲一面。努尔哈赤答应满足她的要求，迅速派出使者疾驰叶赫，去请她的母亲前来。这件事本属人之常情，并不难做到。但是，此时建州与叶赫的关系已非往日可比，双方之间的关系越来越微妙。使者到了叶赫，说明来意之后，当即遭到纳林布禄的拒绝。最后只派一名管家前往应付差事。这位纳林布禄政治上浅薄短见，在此极易触发感情的问题上向努尔哈赤示威，不仅于道义上说不通，就是从策略上考虑，也属下策。此后，双方的关系越来越紧张。努尔哈赤看到这种情形，非常气愤。没过多久，叶赫那拉氏因医治无效去世。

万历三十二年（公元1604年）正月，努尔哈赤率兵进攻叶赫，攻克了张城与阿奇兰城，收两城七寨人畜2000余，班师而回。努尔哈赤此举是报纳林布禄不令母女相见之仇，以慰亡妻在天之灵。在随后的近10年中，双方没有再发生严重的军事冲突。在这期间，努尔哈赤把主力用于对付哈达、辉发、乌拉三部，同时又因顾忌明朝全力支持叶赫，不能不使努尔哈赤暂时放弃对叶赫的进攻。

万历四十一年（公元1613年）以后，努尔哈赤与叶赫的关系已完全恶化，处于敌对状态。

这时海西四部已亡其三，独存叶赫。努尔哈赤的力量已得到显著增强，感到有战胜叶赫的把握，决心向叶赫发动最后的攻击。万历四十一年（公元1613年）初，布占泰只身逃亡到叶赫，受到布扬古、金台石两兄弟的庇护。努尔哈赤闻讯，先后三次遣使，要求叶赫交出布占泰，但遭到拒绝。这正好给努尔哈赤提供了一个进军的理由，同年九月，努尔哈赤亲统四万大军再征叶赫。大军抵张城、吉当刚城，因事先泄露了消息，叶赫已将两城百姓迁走，坚壁清野。努尔哈赤下令将两城毁掉，攻克了其他十余寨，收缴百姓，将房屋等设施焚毁。另有乌苏城放弃抵抗，向努尔哈赤投降，事毕班师。

叶赫遭到了大规模进攻，布扬古、金台石紧急向明朝控诉："哈达、辉发、乌拉部被建州取去，现在又来侵犯我地，他的目的是削平诸部，然后就来取大明，取辽阳为都城，取开原、铁岭为游牧之地。"应叶赫的要求，明朝派出军队，携带火器，前往叶赫防御。明朝还向努尔哈赤发出警告："从今以后，不准侵犯叶赫。如听从我的话，是维护我的体统而罢兵；如不听从我的话，继续侵犯叶赫，就是对我大明的侵犯。"

明朝的强硬态度，使努尔哈赤暂缓对叶赫的进攻。努尔哈赤看到，在叶赫后面站立一个庞大的明王朝，必须从外交上离间他们的关系，取得明朝对他的理解，哪怕是一部分的支持。于是，他亲自前往抚顺，将一封信交给明将李永芳。信中具体说明他进攻叶赫的原因，一是叶赫背信弃义，将已许之女嫁给他人；二是把他的仇人布占泰收留起来，拒绝交出。这些事都跟明朝没有任何关系，也无损明朝任何利益，明朝干预这件事只是为了防止事态扩大。

努尔哈赤为他对叶赫采取的军事行动辩解，自有他的理由。在明朝方面，也有不同的反应。一种意见认为，努尔哈赤的军事扩张，正在威胁明朝的统治，主张援助北关（叶赫），才能保住辽东。蓟辽总督薛三才奏说："没有北关就没有开原的安全，没有开原就没有整个辽东的存在，而没有辽东为屏障，山海关谁能守住？奴酋之穷凶，日见猖炽如此。"另一种意见认为，虽然努尔哈赤东征西讨，但并不威胁明朝。辽东巡抚张涛说："努尔哈赤同北关结成怨仇，是因为北关藏匿努尔哈赤的女婿（布占泰），又夺去他的许嫁之女，因而相互仇杀，并没有对朝廷有'犯顺'之意。他主张，应满足努尔哈赤的要求，就会和好。朝廷讨论的结果，还是决定援助与扶持叶赫，以遏制努尔哈赤的军事扩张，阻止他进攻叶赫。明朝的政策，使努尔哈赤看到，叶赫已完全投向明朝，向叶赫进攻就是同明朝交战。但是，努尔哈赤在实力不足的情况下，他暂时停止进攻叶赫。

但是努尔哈赤的将领、大臣们却无法容忍，他们被叶赫的傲慢和明朝的有意偏袒叶赫而激怒，极力主张出兵攻叶赫。努尔哈赤说：你们都把叶赫嫁给我的女子改嫁蒙古这件事看成是奇耻大辱，主张用兵，这当然不能反对。但为一件违婚约的事而动武是不值得的。就因为争夺这个女子，哈达、辉发、乌拉都灭亡了。她使各国不安宁，带来了兵连祸结。到现在，大明又帮助叶赫，这就是要挑起战争，使叶赫灭亡！他又进一步说明：我个人如因愤怒想去打仗，你们就该劝阻我。我已下了聘礼的女子，被他人娶去了，岂有不恨之理？我尚且置身于外，你们为什么还继续固执之见，非要打仗呢？你们不要再坚持，停止用兵吧！

努尔哈赤高瞻远瞩，英明决断，以时机不成熟，暂停对叶赫的进攻，也不触动明朝分毫，因而保持他既得利益不受侵犯和伤害。5年之后，也就是后金建国的第三年（公元1618年），努尔哈赤已非昔日的建州首领，而真正成为一国之主，他在政治、经济和军事上都取得了巨大的进展，他同叶赫的实力对比，已占有绝对优势，也有足够的力量可以同明朝抗衡。过去，诸将领和大臣屡次劝他进兵，他都坚决不同意，而现在他却提出："今岁（公元1618年）必征大明国！"意外之言，必亡叶赫。

万历四十七年（公元1619年）正月，努尔哈赤再次向叶赫发起进攻，最后由于明军前往救助叶赫这才回师。当时，努尔哈赤亲统大军征叶赫，攻破克伊特城，一直推进至叶赫城十里外的地方。叶赫请来开原总兵马林率明兵前来助战。因见后金兵势甚盛难敌，马林退师。努尔哈赤担心受到叶赫与明兵夹击，也放弃了进攻。双方都很克制，没有接触，就结束了此次军事行动。不久，就爆发了著名的萨尔浒决战，努尔哈赤取得了辉煌的胜利，明军遭到重创，无力反击，后金乘胜先取开原、铁岭，将明朝与叶赫隔开，彻底将叶赫孤立。最后灭亡叶赫的时机已经成熟，努尔哈赤毫不迟疑地向叶赫发起了一次致命的进攻。

万历四十七年（公元1619年）八月，努尔哈赤再次向叶赫发起了总攻，努尔哈赤攻打东城，代善率军攻打西城。建州兵马围城攻坚，叶赫军队据城死战。努尔哈赤兵分两路，一路由代善、阿敏、皇太极与莽古尔泰等兄弟率领，攻布扬古据守的西城；努尔哈赤自率八旗将领及大军攻围金台石所据东城。两军星夜前进，尚未抵叶赫境内，已被探子发现，飞报布扬古。消息传开后，叶赫百姓无不惊慌，各屯寨之民，近的入城，远的躲到山谷。

八月下旬，代善一路后金大军首先出现在叶赫西城下。布扬古率兵出城，准备迎战。只见后金兵漫山遍野，如潮水一般涌来，"盔甲明如冰雪，旌旗剑戟如林"。军容盛大，锐不可当，令人望而生畏。布扬古不禁大惊失色，不敢对阵，急令叶赫兵进城，据险坚守，代善等挥军包围了全城。很快，努尔哈赤亲统大军抵达东城，迅即包围，攻破外廓，即准备云梯战车，要向内城发起攻击，先下达通牒，命令金台石投降。然而，金台石誓死抵抗。随后，努尔哈赤发起猛烈进攻。一时间"矢发如雨"，叶赫兵据城，以高临下。努尔哈赤将士推战车，持盾牌，纷纷抢上去拆城。努尔哈赤在山岗上，密切注视着战况的进展，由他的侍卫随时驰入各旗，传达他的命令。他指示，各旗拆了城之后，一齐入城。

经过惨烈的拼杀之后，城被拆毁，八旗将士涌入城内，叶赫兵四面皆溃，各奔自己的家。努尔哈赤立即分别派人执旗，传下命令：不准屠杀城中军民，不准杀投降的人。城中军民得到这样的安民告示，纷纷投降。最后只剩下金台石，他带着妻子、儿子躲在家中，死也不肯投降，他的家建筑在一方台地上，他是叶赫首领之一，其居地与众不同，为城内禁城八角楼，自有防御设置。此刻，皇太极正与他的几位兄长率部猛攻西城布扬古。努尔哈赤命皇太极速来，当面指示说："你舅有话，如见到你即降，你赶快去见他，他若践约投降，当然再好不过；如还不降，就拆他居住的台（八角楼）"。皇太极遵父命，赶至台下，同舅父见面。金台石又提出新的理由，刁难后金诸将："我从未见过我外甥皇太极的面，眼前站的这个人，谁知是真是假？"

金台石提出这个疑问，弄得后金诸将和皇太极一时解释不清，忽然想起一个人可以为皇太极做证，这个人就是金台石之子德尔格勒的乳母，她曾在赫图阿拉见过皇太极。于是，他们建议金台石把这位老妇人请出来辨认。金台石不好拒绝，又改口说："何必用这个老妇人？我看此子（指皇太极）的面色，未得到他父亲要留养我的好话，是想骗我下台杀了我。现在我困守于此，还能抵抗吗？但此地是我祖先住的地方，我宁愿死在这里！"皇太极反复劝了多时，不见效果，表示马上就回去向父亲努尔哈赤报告。金台石忙说："你不要走，待我的近臣阿尔塔什先去见你父亲，他回来时，我再下来。"努尔哈赤一见到阿尔塔什，不禁发起怒来："你挑拨我亲戚，使大明举兵40万（夸大其数），不是你又是谁？现在，我既往不咎，赶快令你主投降！"阿尔塔什回来劝金台石投降，金台石又提出新的条件："我听说我儿子德尔格勒受伤，已在你们那里，让他来见我，我再下来投降。"皇太极把德尔格勒带到台下来，同父亲见面。德尔格勒对父亲说："城已陷落，我们已遭失败，为什么不降呢？"劝说再三，金台石仍然拒绝投降。皇太极很生气，就把德尔格勒绑起来，想处死他，向努尔哈赤报告，努尔哈赤不同意，说："子招父降不从，是父亲的过错，应当处死，他的儿子不要杀。"

双方僵持已久，金台石的妻子携带幼子，自台上下来，表示投降。金台石拿起了箭，他的心腹侍从也重整盔甲，准备战斗。后金兵执斧猛砍楼台，金台石纵火自焚，霎时间，烈焰熊熊，却忍受不住痛苦，负伤下楼，被后金兵逮捕。努尔哈赤指示，留此人没有用处，用绳子把他绞死了。在这次的战争中，努尔哈赤为保全亲戚之谊，留其妻子与儿子，只处死他一个人。

东城被围时，西城的战斗也打得很激烈，很艰难。当东城被攻破的消息传来，布扬古与其兄弟都丧失了斗志，表示愿意投降，但是需要立下誓言，保证他们各回原来的城寨。指挥攻城的代善听后大怒，断然拒绝他们降后返回本城寨。布扬古兄弟把他们的母亲放出城，同代善谈判。这位老妇人还是代善的岳母，久别相见，按女真人习俗，互相搂抱，称"抱见礼"。岳母说："你不说一句保证不杀的话，我的两个儿子害怕，所以不敢降。"代善斟满一杯酒，用刀划出一半，立下誓言：

"如降后再杀，我必不得好报；如我已立下誓言，你们还不降，必得恶报，我攻下城后，杀无赦！"说完，将一半酒一饮而尽，另一半酒送给布扬古兄弟，他们饮后，才传令打开城门投降。代善领布扬古兄弟去见努尔哈赤。布扬古只屈一膝，不拜而起；努尔哈赤用金杯盛酒，赐给布扬古，表示慰问之意。布扬古只屈膝不拜，也不喝酒，不说一句感谢的话，不行规定的礼仪。努尔哈赤命代善把他的妻兄带到本城居住。后来，努尔哈赤命人当夜用绳子把布扬古绞死了，留下他的幼弟交给代善收养。

这次的战争过后，努尔哈赤将叶赫军民全部迁往赫图阿拉，予以重新安置。叶赫与建州相持长达近40年，自此灭亡。努尔哈赤灭亡叶赫，标志着海西四部的时代的终结，明朝在东北对女真的统治宣告结束。

努尔哈赤统一海西女真的过程极为艰难，而征服东海女真的过程则相对容易一些。早在万历二十四年（公元1596年），努尔哈赤便派费英东率兵初征东海瓦尔喀部，统一东海女真的序幕由此揭开。此后，对东海女真的争夺在他与海西四部的斗争中一直都是个焦点。努尔哈赤将主要精力放在了统一海西四部上，但为了增加实力，努尔哈赤也加快了对东海女真的征伐和招抚的步伐。万历三十七年（公元1609年），他发兵攻占兴凯湖以东瑚叶河畔（今俄罗斯海滨地区刀毕河）的滹野路。万历三十八年（公元1610年），他又将渥集部之宁古塔、绥芬、那木都鲁、尼马察四路（在绥芬河流域及乌苏里江上游，明双城卫及速平江卫）招抚下来。到了万历四十四年（公元1616年），即后金天命元年，临近建州女真、海西女真的松花江、乌苏里江流域及以东大部分地区的东海女真都已被努尔哈赤收服。万历四十年（公元1612年）以后，他又进一步出兵攻打黑龙江中下游及库页岛等地。万历四十五年（公元1617年），努尔哈赤的军队又攻克了库页岛及附近岛屿。

在统一女真的过程中，努尔哈赤同时又巧妙地与明朝周旋，在其羽翼未丰之时尽量迷惑明廷，因而不断受到明朝廷的敕封和赏赐——万历十七年（公元1589年）授都督佥事，万历十九年（公元1591年）为左都督，万历二十三年（公元1595年）又被晋升为龙虎将军，从而为他的统一大业减小了许多不必要的阻力，并终于先后将建州、海西和野人女真平定下来。自此，努尔哈赤由"遗甲十三副"起兵，发展到"自东海至辽边，北自蒙古、嫩江，南至朝鲜、鸭绿江，同一语音俱征服"，使"诸部始合为一"。他用了三十多年的时间，统一了建州女真的全部和海西、东海女真的大部，基本上结束了女真社会的长期分裂、割据、动乱的局面，从而推动了女真社会的发展和满族共同体的形成，自己也扩大了实力，为其割据东北打下了基础。

创建制度，即位称汗

万历十五年（公元1587年）努尔哈赤攻克佛阿拉城，自称可汗。明万历二十七年（公元1599年），努尔哈赤命巴克什·额尔德尼和噶盖，用蒙古字母拼写满语，创制满文。努尔哈赤主持创制满文，是满族发展史上的一块里程碑，是中华文化史和东北亚文明史上的一件大事。文字创制的成功，对女真族文化的发展、提高，思想的交流，知识的传播，汉族先进文化技术的引进，政令的颁行和政权的巩固等都起到了极其重大的推动作用。据《满洲实录》，万历二十七年（公元1599年）努尔哈赤采用了蒙古文字而为满语配上了字母。

万历三十一年（公元1603年）迁都到赫图阿拉。他率领八旗子弟转战于白山黑水之间，临大敌不惧，受重创不馁，以勇捍立威，受部众拥戴，历时30多年，统一女真各部，推动了女真社会的发展和满族共同体的形成。在这个过程中，努尔哈赤根据女真的特点，创建了一系列的制度。这些为努尔哈赤的政权巩固起到了重要的作用。

其实，早在在统一女真各部的过程中，努尔哈赤将部队进行了独具特色的军事编制，即"八旗制度"。原有黄、白、红、蓝四旗，后又增添四旗，在原来旗帜的周围镶边，黄、白、蓝三色旗镶红边，红色旗镶白边。这样，共有八种不同颜色的旗帜，称为"八旗"，即满洲八旗。后来又逐渐增设蒙古八旗和汉军八旗，统称八旗，而实际是二十四旗。

八旗包括满洲八旗、蒙古八旗和汉军八旗，其中设立最早、也最为典型的是满洲八旗。满族人按八旗制分隶各旗，平时生产，战时从征。初建时，不但在军事上发挥重要作用，而且具有行政和生产职能。清朝统一，皇太极为加强对旗人的束缚，增强了八旗制的军事职能，并为扩大军事实力和笼络人心，又建立了汉军八旗和蒙古八旗。各旗有军营、前锋营、骁骑营、健锐营和步军营等常规营伍，司禁卫攻城和布阵等职。另外，设立了相礼营、虎枪营、火器营和神机营等特殊营伍，演习摔跤、射箭等。由于清初诸帝很重视枪炮武功等实战本领，八旗军在平定三藩、收台湾及抵御沙俄侵略等战斗中都取得了辉煌战绩。八旗兵分为京营和驻防两类。京营是守卫京师的八旗军的总称，由朗卫和兵卫组成。侍卫皇室的人，称朗卫，且必须是出身镶黄、正黄和正白上三旗的旗人，如紫禁城内午门、东西华门、神武门等由上三旗守卫。驻防是指驻防全国各要地的八旗。京营总兵约10万，驻防兵人数也在10万左右。

八旗起源于牛录，牛录起源于女真人（主要指建州女真）在氏族部落时期的狩猎、出师组织。当时女真人不论人数多少，出师行猎都以家族、村寨为单位进行。出猎开围之际，每人出一枝箭，10个人为一个小组，每个小组设一名头领，指挥另外9人各寻方向，不许出现错乱。这小组的头领叫做牛录额真。这里的牛录额真只是临时性的出师狩猎小组的头领。在这个小组中，人们是以地域（寨）和血缘（族）为基础自愿结合的，以箭为凭证，没有专职的将官，并且事情结束后便各自散去。

牛录额真成为固定的官爵名称则是努尔哈赤起兵之后的事情。万历十一年（公元1583年），努尔哈赤刚刚起兵，苏克素护河部沾河寨长常书和弟杨书归附努尔哈赤，弟兄二人"事太祖，分领其故部，为牛录额真"。万历十二年（公元1584年），在攻克栋鄂部的翁鄂洛城后，努尔哈赤不记前仇，授予城中曾射伤过自己的洛科、鄂尔果尼二勇士为统辖300人的牛录额真。这是较早的两个牛录额真成为官爵名称的例了。后来，在统一女真各部的过程中努尔哈赤也陆续地设立了一些牛录，但并不普遍，并且编制也大小不一。

万历二十九年（公元1601年），努尔哈赤的力量得到了进一步发展强大。这时努尔哈赤已统一了建州女真各部，并将矛头指向了海西女真，同时东海女真也不断归降于他，努尔哈赤的土地和人口增长得很快。在消灭哈达，从而将海西四部打开了一个缺口后，他便开始着手对牛录制度进行改革，并加以推广和整编。他针对以前牛录制不完整不普遍的弊端，决定将牛录制在其辖区内加以普遍推广，并且在大体上统一编制，以每一牛录辖员300人为标准，每一牛录都设长官牛录额真一人。

努尔哈赤对牛录的整编，奠定了八旗制度的基础，牛录额真从此正式成了后金的基层官员。

在八旗制度建立起来之前，女真还有过一个前四旗的时期。17世纪初（约公元1601～1610年）时，努尔哈赤在原来的四大势力的基础上设立四固山（四旗），四旗的专主分别由他本人、舒尔哈齐、褚英、代善来担任。这就是所谓的前四旗。

万历四十三年（公元1615年），八旗制度最终被确立起来了。八旗中每一旗的组织形式如下：五牛录设一甲喇额真，五甲喇设一固山额真。固山就是后来所说的"八旗"的"旗"。从牛录到甲喇，再从甲喇到旗均以五为进制，即每旗下辖五甲喇，每甲喇下则辖五牛录，即每旗共计二十五牛录。此后随着人众的增加，每旗所属甲喇的数目也不时有所增多，但旗的总数则维持不变，一直都是八个。

八旗制刚刚建立时，旗主一职由努尔哈赤的子侄等人担任，他们被称为八"和硕贝勒"。另外还设有"固山额真"作为旗主之下各旗的管理者。八旗各级官员的名称前后变动过几次。明万历四十八年，后金天命五年（公元1620年），努尔哈赤效仿明制，改称牛录额真为备御，甲喇额真为参将，固山额真为总兵官。而到了皇太极继位，为防止满人汉化，他又于天聪八年（公元1634年，明崇祯七年）对各级官名的满语称呼予以恢复。备御（原牛录额真）为牛录章京，政参将（原甲喇额真）为甲喇章京，改总兵官（原固山额真）为昂邦章京。清军入关后，又再次将各级组织及官员的名称译成汉语，牛录的长官称佐领，甲喇的长官称参领，固山的长官称都统。这样，入关前后八旗中各级长官的名称前后一共经历了四次变更，以牛录一级的长官为例，经历了牛录额真——备御——牛录章京——佐领的这样一个演变过程。

在入关前，八旗制度是兵民一体、军政合一的社会组织形式，是女真族（满族）的根本制度。当时，八旗中每一名适龄男子（通常为15～60岁）都具有双重身份，既是民，又是兵，在平时是平民，要从事耕猎，而到了战争时则要披甲从戎。每牛录披甲的数目并不一定，有时是五十甲，有时又是一百甲，这样就组成了一支骁勇善战的八旗劲旅。在行军时八旗兵根据道路的宽狭，或是八路并进，或是兵合一路。在作战时，八旗基本上是分为前锋、骁骑和护军三个部分。前锋军队身穿牢固的甲衣，手持长矛大刀冲锋在前；骁骑军队身披轻甲，从后发动冲击；护军则是精兵，均系从各牛录中挑选出来的精锐组成，战斗进行时他们横刀立马，见机行事，以备攻杀。在入关前八旗士兵都没有军饷，武器马匹都由士兵自己准备，其战争所得的报酬便是战胜后分配的战利品，而这也是他们的收入之一。因此每到出兵之时，八旗士兵的家人都欢呼雀跃，希望能够得到一些财物。在当时情况下，八旗制度是努尔哈赤所能找到的最行之有效、最有利于统治的一种制度。八旗制度的建立使得女真统一事业的成果得到了巩固，促进了满族的形成。

万历四十三年（公元1615年），努尔哈赤经过多年的浴血奋战，已经统一女真大部，疆土日广，建制度，创八旗，制满文，立都城，万事齐备，建立国家这一天终于来到了。

万历四十四年（公元1616年），努尔哈赤作为一个僻处边境一隅的满洲族首领，以赫图阿拉为中心，参照蒙古政权、特别是中原汉族政权的范式，登上汗位，建立后金。从此有了巩固的根据地，以支持其统一事业的进一步发展。

这年正月初一，努尔哈赤正式宣布建国称汗，在他的宫内隆重举行了登基典礼。虽说宫内各项设施仍属简陋，但礼仪却很隆重。首先是排班站队，努尔哈赤的儿子们和八旗贝勒率群臣齐聚如后世俗称的"尊号台"（俗称金銮殿）前，按八旗顺序分立两边，努尔哈赤居中面南就坐，八位大臣手捧"劝进表"，行至御座前，率群臣一齐跪下，侍卫阿敦、巴古什额尔德尼上前，把表文接了过去，然后，额尔德尼跪在前面，高声诵读表文。这一套礼仪和表文的内容都是一个意思：群臣真诚拥戴努尔哈赤即位，将他奉为国家的最高统治者，他们愿做他的臣民。所谓"劝进"，就是劝他和鼓励他即位的意思，对他的功德予以赞扬和称颂。即位这件大事本来在此之前已经作出决策，此刻还得宣读一番，不过是官样文章，努尔哈赤只是如法仿效，在礼仪上是必不可少的。

额尔德尼宣读完表文，努尔哈赤站起身来，离开他的座位，亲自拈香，向天祷告，带领文武诸臣向天行三叩首礼。这表示他即位向上天请示，并已得到批准。向上天行礼毕，努尔哈赤又回到自己的座位坐下来，分别接受各旗大臣代表本旗向他行祝贺礼。从这天起，努尔哈赤宣布建立国家，国号金，或称后金，建元天命，即位之年为天命元年。努尔哈赤被尊为"大英明汗（或大聪睿汗），全称"覆育列国英明汗"。

努尔哈赤称汗时，国家草创，各项机构还很不完善，没有仿照明朝的国家形式设六部，而是按本民族或参照蒙古的习俗，以独特的方式，初步设置了国家军政机构。在正式称汗的前一年，万历四十三年（公元1615年），努尔哈赤在扩编八旗时，设行政官员管理国家政务和监督法律的执行。他把负责此项使命和职责的官员定名为"理政听讼大臣"，由五人组成，简称"五大臣"。其下，任命扎尔固齐十人佐理五大臣的职责。扎尔固齐，又写作扎尔虎七、扎尔古七等，此系借自蒙语，汉译为审事官、断事人、都堂，为五大臣下属的具体办事之官。努尔哈赤规定，每五天会见，处理和议决国家大事。凡有审定案件或其他判断是非

沈阳东陵——努尔哈赤陵墓

的事，首先由扎尔固齐审问清楚，然后报给五大臣，五大臣审明，再向诸贝勒报告，作出最后判决后，交给努尔哈赤批准。努尔哈赤建国时，没有新设机构，仍保持上述政权体制。他向五大臣强调："凡事不可一人独断，如一人独断，必至生出乱子。国中无论谁有事，都要到国家办公的地方去说，不许到各大臣的家中办事。曾有过违背这一规定的人，受到鞭打、逮捕而给以责罚。贝勒诸臣如犯有罪过，要老老实实听候审问，按上例程序办理，如不服罪的，要加以重罪处分。不论国事或民事，每五天在国家办公的地方进行处理。"

建国时，还谈不上设机构，只任命五大臣和诸贝勒，统于努尔哈赤，构成国家最高权力机构，这就是"议政王大臣会议"的由来，至乾隆初年始废除。这一制度是满族的独创，具有民族特色。所说扎尔固齐，是五大臣的辅政官员。凡事都须集体议定，每隔五天开会一次，作出最后裁决。这种体制，实质是原始社会末期军事民主制残余的反映。此时没有具体的成文法，一方面，沿用传统的古老习俗；一方面，由努尔哈赤根据具体情况，临时作出规定，就成为诸大臣办事的法律依据。当努尔哈赤在向辽东地区进兵后，直至进人汉族聚居地区，俘获或招降汉官汉将，国家政权建置始有变化，部分地仿明朝而设。天命五年（公元1620年），他为武臣设立爵位，以明朝的总兵官制分为三个品级，其下设副将、游击也各分三个等级；牛录额真皆为防御官，每牛录下设千聪四员。总兵官是明朝所设一军事区的最高军事长官，副将次之，游击又次之。这本来是武职官衔，而努尔哈赤把他用为爵位，以供赏给有功的将领。被俘获或收降的明朝文武官员仍予保留原有的官职。到皇太极即位以后，屡经调整，自天聪五年（公元1631年）以后，才完全仿照明制，专设"六部三院二衙门"，使国家政权趋于完善。努尔哈赤"经始大业，造创帝基"，是清帝国的开创者和奠基人。

注重经济，择贤任能

不管哪个朝代，要想让政权稳固，国家强盛，就要注重生产和经济，并且还要注重人才的任用。努尔哈赤在建立政权之后，在这两个方面投入了很大的精力。这也是努尔哈赤布德于民，巩固根基的有力措施。

万历四十三年（公元1615年），努尔哈赤开始设置官吏。在经济机制方面，他先后下令实行牛录屯田、计丁授田和按丁编庄制度，将牛录屯田转化为八旗旗地，奴隶制田庄转化为封建制田庄。随着八旗军民迁居辽河流域，女真民族由牧猎经济转化为农耕经济。在社会文化方面，初步实现了由牧猎文化向农耕文化的转变。

当时的各种行政费用是以八旗下牛录为单位分摊的。努尔哈赤早在万历四十一年（公元1613年），就命令部众以牛录为单位交税。每牛录出牛4头、男丁10名，在空地耕田，所得收成归入公共粮库。在八旗中生产和作战并重。牛录额真既是军事将领，又是生产劳动的组织者，他的职责之一就是督促本牛录搞好生产。公元1621年，努尔哈赤还曾亲自过问各牛录庄稼收割的情况。最后，八旗制度又是一种行政制度。大小各级官员，在身为军附领的同时，又是行政官员。天命四年（公元1619年），努尔哈赤曾对官员谆谆告诫，要求所任命的诸大臣以下等各级官员，"坚守法令，努力管辖"。统治后金人民的官僚队伍就是这样由牛录额真、甲喇额真和固山额真等各级官员组成的。

努尔哈赤的先祖，本是女真族人中的一支，世代居住在遥远的黑龙江，以射猎为业。后来，他的先人率本族南迁，逐渐受到汉文化及汉人生产方式的影响，也在改变本民族的古老的传统生活方式。最后定居在与汉人聚居区即辽东毗邻的建州，其生产方式彻底改变，由原先的射猎本业一变而改为以农耕为主，与汉人非常相似。仍留在世居地黑龙江流域的女真人，其生产方式却无改变，但他们对于努尔哈赤事业的发展，并无影响。具有决定意义的是建州本部及邻近的原哈达、辉发、叶赫、乌拉等部，他们既是满族形成的主体部分，也是构成努尔哈赤的政治与军事实体的基本力量。他们的经济发展状况，不能不左右着努尔哈赤事业的成败。

努尔哈赤从起兵之初开始，就重视经济问题，流露出他与众不同的重财思想。一天夜里，他曾抓到一个向他行刺的人，他的族人都主张把这个刺客杀死。他却不同意，说："如果把这个人杀掉，他的主人就会以此为借口，派兵来攻，掠夺我们的粮食，粮食被劫夺，部下就没有吃的，必然会叛离我们。这样，我们就被瓦解了，我们就会陷入孤立。"这番话表明，努尔哈赤早就认识到，粮食储备直接关系到事业的盛衰。粮食来源于农业生产。因此，起兵以来，努尔哈赤始终重视农业生产。据当时所记载，在建州有很多"农幕"即耕作的田庄。努尔哈赤就有自己的"农幕"。他的部属当兵打仗，军粮皆自备。在他管辖下的各部落就地屯田，由各部的部长掌治耕获。土地肥沃的，一斗种子落地，可获八九石；土地贫瘠，仅收获一石左右。既有居室房屋，又耕种土地，收获粮食，所以家家都养鸡、猪、鹅、鸭、羊、犬、猫等。努尔哈赤采取的措施，主要是组织屯田，扩大农耕面积，大力发展农业生产。万历二十三年（公元1598年），征抚安楚拉库后，把当地百姓迁往三水地方居住耕种；第二年攻取哈达部，指示在哈达境内大力垦种，牧放马牛；万历三十五年（公元1607年），灭辉发部，在当地安置千余民户，进行屯种；万历四十三年（公元1615年），诸将请求征叶赫，努尔哈赤坚决不同意，理由是："我国素无积储，虽然得了很多人口和牲畜，将用什么维持生计呢？不仅养活不了所得人畜，即我们自己原有的百姓也将束手待毙。根据这种情况，我们只有先治理好国家，巩固已占有的疆土，加强四境防御，努力耕种，多增加积贮，才能立于不败之地。"他说服了诸将，向各牛录发出指示：每牛录出男丁10人、牛4头，在旷野处开荒屯田，建造仓库，积蓄粮食。又设仓官16员、属吏8员，执掌仓粮的出入。

努尔哈赤建立后金前后，曾与明朝屡次发生争地事件。他从来就重视土地，已经得到的土地，决不许别人染指；而他要得到的土地，不惜以武力争夺。他争地的目的，总说要保护农耕收获，也就是达到富国强兵的目的。万历三十六年（公元1608年），他与明朝辽阳副将和抚顺千户所的一位备御官员划界立碑，彼此不得侵犯。可是，到了明万历四十三年（公元1615年），明朝反悔前定界约，派一名通事（翻译）传达朝廷旨意，要重新立界碑，明朝指原属建州的三处地方归明朝，已种之田，不得收获，此三处居民也得迁出，令回建州自行安排。努尔哈赤很气愤，据理力争："我世世祖居耕种之地，现在让我放弃，想来是你们变心吧？是皇帝反常，我们所种之田，又不叫我们收获，却命令退居，我岂敢违背王命？但是，这明明是不愿和平，而顿起恶念，我们是小国若受小害，你大国必自受大害！"但是，此时努尔哈赤实力不足，还不敢同明朝武力对抗，只好屈服。

当初，努尔哈赤与明朝立界碑时，就约定双方百姓不得越界到对方境内扰乱，违背格杀勿论。但是，双方的边民为谋生计，相互越界的事，时有发生。特别是明朝方边民以建州山区产参、野果、木植，还有矿藏，纷纷前去采挖。努尔哈赤为保护他管辖的资源、财富不受侵犯，命令边将执行界约，把偷越境盗采的人一律处死。天命元年（公元1616年）六月，仅在一个月内，汉人因越境而被杀的有五十余人。明朝采取报复措施，将努尔哈赤派往广宁（今辽宁北镇）的使者及随员九人扣留，用铁索把他们锁起来。然后，派人前往赫图阿拉，严厉质问："我民出边，你应当押解给我，怎么可以马上杀掉？"努尔哈赤驳斥说："早年竖碑订盟，规定如发现越边的人不杀，将殃及不杀之人。我没有违背这一规定，你们为什么强词夺理？"明朝方面对此不予解释，却要求把执行捕杀汉人的人员交给明朝抵罪，否则，此事就难以了结。明使者以势相逼，努尔哈赤不为所惧，断然拒绝了对方的无理要求。明使者为了向朝廷交差，只得采取权宜之计，说："这件事已经报告给皇上知道，是无法隐瞒的。你们不是也有罪犯吗？何不把他们带到边境上杀死示众，这件事也就结束了。"努尔哈赤一想，也只有这个办法了。可他不想杀死本部的犯人，就从狱中放出10名在押的叶赫人，押解到抚顺边境，当着明朝官员的面，把这10名犯人给杀掉了。明朝这才把扣留的人员释放。

努尔哈赤千方百计保护土地，甚至不惜同明朝对抗，目的还是为了保护农业生产，多增加粮食储备，可见努尔哈赤对农业生产的重视程度，视为生存和大业的根本。

后金建国前后，农业生产已取得了长足地进展。大批的养马，与游牧民族不同，当地人或为作战做准备，或以之作为交通工具，或作为家庭副业，与猪、羊、牛等一并饲养。努尔哈赤为加快发展农业，还要求军队把已有的马和俘获的马，都喂养好，在边境地区种田。他严禁在已耕种的土地上牧马，必须到无田的空旷荒野之处放牧，只有将五谷收获完毕，才允许把自己家的牲畜纵放于山野，谁也不必担心被人盗窃。

不仅如此，努尔哈赤对人口增长也是非常重视。对于当时的女真族来说，由于战争频发，所以男丁不仅是军队的来源，也是农业生产必不可少的劳动力。万历三十九年（公元1611年），努尔哈赤下令调查所辖地区因贫苦而尚未婚配的人，共得1000余人。他命令各所管牛录负责给他们逐一婚配，成立家室。所配之女，大都是被俘或归降中的适龄女人。因为遗漏而未给婚配者，由官方发给库财，令其自娶。这一举措，解决了这些贫苦人的生计，对于增殖人口也有重要意义。

其实，不管是在古代社会还是当今，农业都是一个国家的立基之本，同时也是中国古代最基本也是最重要的经济门类。历代王朝之兴，无不把农业列为治国的第一要务。而当农业破败、经济崩溃之时，国家政权衰亡随之而来。可以说，农兴则国盛，农败则国衰。努尔哈赤深通此中道理，虽出于一个射猎民族，却不废农耕，相反，以农业为根本，大力倡导，以历代行之有效的屯田来培植农业发展的后劲，积累了财富，为后来同明朝的长期战争提供了后勤保证。

与此同时，手工业也是农业生产中一个很重要的类别。在古代社会，手工业仅次于农业。努尔哈赤一方面大力发展农业，一方面又致力于发展手工业。努尔哈赤起兵八年后，即万历二十七年（公元1599年），"始炒铁，开金银矿。"制造铁铧等农具，做饭用的铁锅，尤其是打造兵器等，都离不开铁。努尔哈赤为这些方面的需要，开始"炒铁"即炼铁，建立和发展自己的制铁手工业。在此之前，建州所需铁器，都是通过贸易，从汉人手中买回来的。有关材料记载，从明万历六年（公元1578年）到十二年（公元1584年）之间，买回的铁铧，从最初的几十件，直到上千件。大量的铁制农具的引进，无疑会促进建州农业经济的发展，可以断定他们的农业生产力已接近或部分达到汉族地区的水平。这种引进，必然赶不上实际的需要，于是，他们利用汉族开矿、炼铁的技术，独立制造所需的一切铁制工具。在赫图阿拉的北门外和南门外，有专门的手工作坊，规模十分可观，一排排作坊屋、棚，连接数里。作坊内分工很细，以军械制造来说，有甲匠、箭匠、弓匠、冶匠、铁匠等。以朝鲜人所见，银、铁、革、木皆有其工，而以"铁匠极巧"，所制剑"精利"，甲胄"甚轻捷精致"，铁弗（音铲）皮牌，如同盾牌，矢不能穿透。还有用以攻城用的长梯小车，车上有牛皮、毛毯，以遮矢石的攻击，人隐在车后，推之以行。此种器具，是建州匠人的独创。这些铁、木器的制造，都已达到了很高的技术和工艺水平，有的已超过了汉人的水平。朝鲜人特别赞叹建州所制甲胄"极其坚致"，除非强弓，一般弓箭在百步之外，是无法射穿的。

当时，建州的纺织手工业还不够发达，女工所织，只有麻布，还不能织锦、刺绣。所以，布匹、锦绣特别贵重。其他还有制瓷、车船等行业都已发展起来。朝鲜人所见制造的小船，可容八九人，"极轻捷"。努尔哈赤很推崇工匠，把他们看成是国家的宝物。有一次，他痛斥那些不爱工匠、只爱金银珠宝的人，说："有人以为东珠、金银是宝，那是什么宝呢？天寒时能穿吗？饥饿时能吃吗？有技巧的工匠，能制造国人所不能制造的物品，他们才是真正的宝贝。"

为了发展后金的经济，努尔哈赤还积极于明朝进行互市贸易。他充分利用本地的天然资源，同汉人贸易，"以备国用"，因此，建州"民殷国富"。特别值得一提的是，努尔哈赤发明了"人参煮晒法"。早年，按传统方法，女真人将人参用水浸润后，卖给汉人，但汉人嫌参湿而不愿购买，造成人参积压，很快就烂掉了。女真人急于出售，只好降低价格，损失很大。努尔哈赤想出一法，将参煮熟晒干再卖。诸王臣认为不可行。他力排众议，坚持煮晒，慢慢贩卖，参再也不怕腐烂，结果价格倍增。直到现在，处理人参的工艺，还是用煮晒或直接晒干。后金政权，就是在努尔哈赤大力发展农业、手工业和贸易的基础上建立起来的。经济实力的不断增长，又进一步巩固了政权。

当然，发展经济只是国家发展和壮大的物质基础，要想让国家长治久安，真正的强盛，那就肯定离不开人才。

在古代，历代创业之君的成功，论原因固然是多方面的，其中，网罗人才，招贤纳士，举贤任能，定是重中之重。周文王访求姜子牙，刘备三顾茅庐请诸葛等等，这些创业之君，求贤若渴，或张榜求贤，或屈尊临门恳请，礼贤下士，不遗余力，故人才济济，各展其志，共建一代伟业。相反，那些昏庸、荒淫之君，视人才如草芥，任意践踏，不惜摧残，最终只能身死国亡。无数的事实都证明了这一点。努尔哈赤也深知人才的重要性，在发展经济、巩固政权的过程中，也正是他善于择贤任能，才使得自己所向披靡，国家迅速强大起来。

万历四十三年（公元1615年），努尔哈赤连续发表如何识别人才的具体要求，并督促臣下推荐各方面人才。他对臣属们说："你们推荐贤人，不要说自己因为什么缘故使疏远者超过了亲近的人，切勿拘于资历，只选择心术正大的推荐，也不要因本族当官的人多才引荐，只要有才的，可以选入任事。凡为政，得一才一艺的，已经很难，但可以有助于政事，即许荐举。"努尔哈赤这番话，表明的思想是，抛开一切不必要的附加条件，只有一条即本人心术正，有一定能力，就可以任用。还有一次，努尔哈赤与臣属乘冬时出猎，心有所感，再次讲述他对人才的渴求，说："今国事繁琐，需要多得贤人，各任之以职。如果治国、统军的人少，还能做什么事？倘若发现有临阵英勇作战的，要给职务之赏；有于国家忠良的，用以佐理国政；有博通古今的，用以讲述古今经验；有善于接待和擅长举办宴会宾客的，就叫他专司此职。各方面的人才都需要，你们可以各处罗致。"不仅如此，努尔哈赤还特别训诫他的诸子，要秉公选拔人才。他说："贤能的人不荐举，那么，贤能的人何能得到重用？思想不正的人不辞退，那么，思想不正的人何能受到惩处？你们应秉忠直，切勿贪婪；均平之道，莫过于忠诚正直。我从来就喜欢忠诚正直，从不欺骗。你们要留心。"他的儿子们都分掌各方面权力，位尊而权重，能否做到忠诚、正直，关系着国家的安危。所以，努尔哈赤告诫甚至警告诸子不得偏私，为一己之利而贪婪，坏了国家大事。努尔哈赤说："全才者能有几人？对每个人来说，才能都各有长处，也有短处；处事也有机敏与笨拙之分。比如，有人善于冲锋陷阵，但于治理政事则笨拙而无用；有的善于理政事，却不能打仗，把他用到打仗，他就没用了。所以，用人的原则，要各随其才而用，这就是用其长处的意思。"

对于一个想成就大事的人来说，要想增强自己的实力，就需要招揽人才，而要想人才归附，就需要有博大的胸襟。努尔哈赤在统一女真的战争中，攻打瓮鄂洛城的时候，被洛科、鄂尔果射成重伤，几乎丧命。后两人被俘虏，诸将一致要求处死他们，以报一箭之仇。努尔哈赤爱其才，赦免死罪，还赐以牛录之职。他们受感于努尔哈赤的厚恩甘心为其效命。努尔哈赤早期创业的"五大臣"，是他最得力的文武人才。他们都是在努尔哈赤起兵前后，陆续投到他的麾下，并被委以重任。

额亦都是加入努尔哈赤事业的第一人。努尔哈赤22岁那年，也就是起兵的前3年，在一次偶然的机会，行经嘉木瑚寨，宿于穆通阿家，巧遇来此避仇人的额亦都。这里是他姑姑家，两人推心倾谈，十分投机。额亦都决心跟随努尔哈赤，他姑姑不同意，力图阻止，但他决心已定，第二天就跟着努尔哈赤走了，时年才19岁。努尔哈赤起兵复仇，额亦都是百人队伍中重要的一员。以后，他追随努尔哈赤东征西讨，未曾打过败仗，曾被赐给"巴图鲁"的美号，努尔哈赤还把本族的一个妹妹送给他为妻。设五大臣时，他是其中之一。费英东于努尔哈赤起兵六年时，随其父率五百户归服努尔哈赤。他为人忠直敢言，作战勇敢，屡立赫赫战功，赢得了努尔哈赤的信任，被授为一等大臣，努尔哈赤把他的长子褚英之女嫁给他为妻。扩建八旗时，又命他隶镶黄族，出任固山额真。何和礼原为女真栋鄂部长。努尔哈赤爱其才，主动把他请到佛阿拉，以宾礼相待，深深打动了他的心，遂于万历十六年（公元1588年），毅然归顺建州。努尔哈赤把长女嫁给他为妻，他的原妻闻讯，不禁大怒，率余部赶到佛阿拉，要与何和礼决一死战。努尔哈赤亲自出面，晓以大义。说服了其原妻，马上化干戈为玉帛，向努尔哈赤表示归服。何和礼参加了灭乌拉、进兵辽东的一系列重大战役，战功同样显赫。更定旗制时，所部隶正红旗。安费扬古，姓觉尔察氏，自父时即服属努尔哈赤。他从青少年就跟随努尔哈赤南征北战，统一建州各部，灭哈达，亡乌拉，征东海诸部，北进黑龙江，破明辽东地等，他都是一员英勇善战的悍将和统帅，为努尔哈赤所倚重。建八旗时，他隶属镶蓝旗。扈尔汉，姓佟佳氏，努尔哈赤起兵第六年，他年13，与其父同归努尔哈赤，被努尔哈赤收为养子。他参加了征乌拉、北战黑龙江、大战萨尔浒及进兵辽沈等重大战役，所向克敌制胜，战功卓著。

努尔哈赤创业初期的五大臣，平时"理政听讼"，战时率师征伐，兼将帅之重任，辅佐努尔哈赤成就大业。当时，猛士如云，他们是最杰出的人才。这五大臣，都先于努尔哈赤去世。最早是费英东，病逝于天命五年（公元1620年），接着便是额亦都、安费扬古、扈尔汉相继病故，最后为何和礼，逝于天命九年（公元1624年）。他们一生忠心耿耿，功绩伟烈，备受清历朝推崇，列为开国功臣第一。努尔哈赤的弟弟舒尔哈奇，其长子褚英、二子代善、八子皇太极等，个个都是将帅之才。其文臣如额尔德尼、噶盖等，堪称是一代杰出人物。在进兵辽东、辽西的过程中，努尔哈赤又吸收了大批汉族中如李永芳、范文程等优秀人才，造成了人才空前繁盛的局面，与明朝人才凋零的现象形成了鲜明对照。努尔哈赤正是有了这些人才的相助，才迅速在动乱的时局中成长壮大起来，并且完成了女真的统一，为后来的南下战争打下了坚实的基础。

　　努尔哈赤称汗前后采取的这一系列的措施，为后金的发展做出了重大的贡献。同时，这也显示出了努尔哈赤非同一般的政治眼光和治国雄才。在瞬息万变的形势下，努尔哈赤也必将创建更大的事业。

第三章

挥师南下，志在中原

努尔哈赤在统一了女真之后，为了进一步扩大自己的实力，开始以"七大恨"誓师伐明。努尔哈赤率领军队，英勇作战，所向披靡。在与明朝的第一次交战中，努尔哈赤取得了胜利，占领了抚顺、清河城。随后，努尔哈赤接连取得了萨尔浒大捷，攻占开原、铁岭，并且在辽东取得了重大进展。

笼络明朝，伺机而动

　　努尔哈赤是一个城府很深，也富有谋略的人。在统一女真的整个过程中，他都非常善于笼络明朝，养兵蓄锐，待机而动。他的这些谋略也使得他免受明朝的围剿，也为自己的壮大创造了机会。然而，等到羽翼丰满的时候，努尔哈赤便展现出他真实的一面。

　　在之前，努尔哈赤对李成梁的恭顺，李成梁对他的纵容，最多是在地区发生的局部关系。实际上，努尔哈赤是从全局来思考他与明朝的关系的。它的重要性，从近的方面说，是努尔哈赤的命运与事业成败的一大关键；从长远来说，实系明清（后金）兴亡。努尔哈赤起兵，从根本上与明朝维持辽东的安定与统一是矛盾的。但是，他与先辈的做法大不相同，他不跟明朝做对，在自己羽翼未丰之时，他决不触动明朝的统治。他的先辈们，像王杲、王台、阿台、清佳努、扬吉努等，之所以个个失败，下场可悲，一个重要原因，就是没有处理好与明朝的关系。相反，他们刚得势，就屡次进犯明朝直接统治的区域——辽东"边内"，激怒了明朝，受到征讨。更不幸的是又遇到李成梁这样强劲的对手，致使他们统一女真的事业半途而废，或刚开始，就受到强有力的遏制，结果是昙花一现，转瞬之间，化为乌有。

　　努尔哈赤汲取了先辈们的惨痛教训，制定正确的政策和策略，一方面，他进行统一女真的兼并战争，东征西讨，却不出边，绝对不进犯明朝"边内"地区，严格地限定在明朝的"边外"活动，使明朝感受不到他的直接威胁。一句话，他想方设法，极巧妙地避开与明朝的直接军事冲突；另一方面，他保持同明朝的隶属关系，千方百计笼络明朝，表现恭顺，借以麻痹明朝，掩饰他的真实的政治意图。努尔哈赤起兵数十年间，坚持一条基本原则，就是臣属明朝，不侵不叛，按时朝贡，以示忠诚。

朝贡是历代中央政权向少数民族征收赋税、行使国家主权的一种制度，是对政治上隶属关系的明确规定。少数民族的朝贡一经中止，双方的关系就转化为敌对。明初以来，在东北女真人居住地区设立卫所时，已做出女真各部朝贡的具体规则，要海西、建州女真每年遣人朝贡，一般都在每年十月初验放入关，十二月停止。如果迟于第二年正月以后到达边关的，须由边臣请示皇帝旨意后，才能准许进关。朝贡的人数，也有严格规定，初期定为每卫百人，万历以后，海西增至千人，建州增至500人。贡品是当地土特产，向中央王朝进贡。作为回应，朝廷颁给优厚的赏赐，诸如彩缎、绢等物，按女真酋长的级别，数额不等。赏赐之外，还为他们举行宴会，称为"宴赏"。当这些活动和仪式结束，允许"开市"三天，即进行贸易活动，出售他们自带的土特产品。所以，女真人每次朝贡，除了向朝廷缴纳贡品，另携带各种货品投入市场交易，换回他们所需要的生产与生活用品。这种朝贡活动，不只是表现为臣属的关系，实质也是一次经济与文化的交流。在当时，明朝廷把朝贡看得很重，在他们看来，朝贡与否，是政治上反叛或臣属的标志。

努尔哈赤为顺利进行统一女真的兼并战争，深深懂得同明朝保持朝贡的重要性。建州、海西女真长期保持朝贡姑且不论，就努尔哈赤个人进京朝贡已非一次。据《明神宗实录》、《国榷》等所载，从明万历十八年（公元1590年）到万历四十三年（公元1615年），共25年期间，就有八次进京朝贡的记录。这八次分别是：万历十八年（公元1590年）四月，努尔哈赤率108人进贡到京；万历二十一年（公元1593年）十一月，努尔哈赤等至京朝贡；万历二十五年（公元1597年）五月，努尔哈赤等100人进贡"方物"（土特产）；万历二十六年（公元1598年）十月，努尔哈赤等入京贡方物；万历二十九年（公元1601年）十二月，努尔哈赤等199人进贡；万历三十六年（公元1608）十二月，努尔哈赤等357人人贡；万历三十九年（公元1611年）十月，努尔哈赤等250人"补贡"；万历四十三年（公元1615年），建州、海西夷"进贡"。明官方《实录》所记努尔哈赤朝贡，大都在他的名字前加上"夷人"两字，每次都照例"贡赏如例"、"宴赏如例"，是说都按例行规定赏赐与宴请一次。

据考，万历四十三年（公元1615年）是最后一次朝贡，明官书仅记"建州、海西夷进贡"，却没写上努尔哈赤的名字。从上列八次朝贡，有七次出现努尔哈赤的名字，可以肯定，他七次进京，当无疑问，最后一次，他没有去，似也无疑问。不论努尔哈赤本人是否每次都亲自朝贡，他做为建州部的首领，后来又领有海西女真大部，在长达25年的时间里，仍以建州部的名义按例朝贡，就是忠于明朝的表现，在同明朝决裂前，始终保持同明朝的隶属关系。这正是努尔哈赤的高明之处，这些迷惑明朝的做法为自己强大准备了充分的时间。

在统一女真的过程中，努尔哈赤仍然向明朝进贡，而明朝满足于努尔哈赤的"恭顺"，对他在女真内部进行的战争不予干涉。努尔哈赤报以更忠诚、更驯服、更亲近，不时地以自己的行动，向朝廷表达他的忠心。在万历十一年（公元1583年）努尔哈赤起兵，到明万历十七年（公元1589年）统一建州女真期间，他不断地为明朝立新功。不仅如此，他约束建州等卫，"验马起贡"，被明朝看作是为朝廷"保塞"，与他的父、祖一样，有功于大明王朝。根据努尔哈赤的表现，明朝屡次给他加官进爵。万历十一年（公元1583年）时，他承袭了祖父的都指挥使之职，万历十七年（公元1589年），明朝廷提升他为都督金事。按《明史·职官志》，明朝的都督分为三等，第一等是都督，又分为左都督、右都督，第二等是都督同知，第三等是都督金事。努尔哈赤从都指挥使变为都督金事，是一次重要的提升。万历二十三年（公元1595年），努尔哈赤又一次也是最后一次得到提升：被封为"龙虎将军"。在明朝的官阶中，龙虎将军为武官"散阶"之一，正二品，职阶崇高。这是有明一代给予女真酋长的最高封号。到努尔哈赤时，只有海西女真酋长王台得到过这个封号，因为他对明最忠，才被授予这一高贵的封号，与王台同时期或稍后的海西、建州诸部酋长，都是对这个封号可望而不可得。努尔哈赤是得此封号的第二人，但在建州女真酋长中，他又是第一个人。

努尔哈赤在仕都督金事后，继续为明朝"看边"效力。万历二十年（公元1592年），发生了倭寇大举进犯朝鲜的事，因为发生在壬辰年，史称"壬辰战争"。朝鲜紧急向明朝求援。努尔哈赤闻讯，提出请求，他要率部"征倭报效"。明朝没有同意，但很赞赏他的忠心，之后以"忠顺学好，看边效力"和保塞有功为由，特授其为"龙虎将军"的最高封号。这使努尔哈赤的身价大增，极大地提高了他的威望。努尔哈赤被封为龙虎将军的第二年，朝鲜使臣来访，他说："保守天朝（明朝）地界，我管事后十三年，不敢犯边，非不为恭顺也。"他说"管事十三年"，是指他于万历十一年（公元1583年）袭都指挥使后，到他同朝鲜使臣说此话时，即明万历二十四年（公元1596年），正好是13年。他再次承认他仍是明朝的忠实的臣属，他的职责是为明朝保护和看好所辖边界，他从不"犯边"，不能说自己不恭顺。

　　努尔哈赤三次受朝廷封官晋爵，七次亲自进京朝贡，都证明了他同明朝的臣属关系：他不侵不叛，为明朝擒斩"叛夷"，保持他为之"看边"的千里疆界的安定，又是他忠于明朝的明证。然而，他屡次被封官，同时也多次朝贡，都是在他起兵以后的事。他执行两面政策或双重政策而并行不悖，这也展示了努尔哈赤高明的政治手段。后来，努尔哈赤不断扩大战争的规模，并由建州推进到海西，危及到了明朝的根本利益。但是，他一再恭顺明朝，却抵消了明朝对他的军事行动所产生的忧虑，明朝不但没感受到其咄咄逼人的威胁，反而误认有努尔哈赤这样的强有力人物，有利于它对女真人的统治，因为这符合它的"以夷制夷"、"分而治之"的政策。但是，明朝有一个原则，那就是努尔哈赤必须忠于明朝。而从努尔哈赤的一些来看，他是忠于明朝的，所以明朝并没有及时防备。

　　努尔哈赤起兵时，只反对尼堪外兰，都是针对个别人，而对明朝不动毫毛。明朝对他的行动，听之任之。他成功地灭掉尼堪外兰，由此打开了统一局面。他用臣服和忠诚，不断换得明朝的大量封赏，反过来又加强了他在女真人中的地位。不仅如此，他以明朝为后盾，全力进行他的统一战争。在这段时间里，努尔哈赤以极大的耐心和毅力，长期坚持同明朝保持友好的关系，沉着、稳步地发展自己的力量，不到完全把握时，他决不同明朝破裂，更不能同它进行较量。但是，他的行动，终于在某一天引起了明朝的警觉。努尔哈赤灭掉了忠实于明朝的哈达部，明朝开始感到问题的严重，并且觉得不能置之不理。于是，明朝廷就以中央王朝的权威，向努尔哈赤发号施令，命令他从哈达退回去，恢复其地位。此时努尔哈赤乖乖听令，遵旨照办。即使到了万历四十一年（公元1613年），他的实力已很强大，仍不敢轻举妄动。叶赫部向朝廷告他的状，万历皇帝命令努尔哈赤今后不许侵犯叶赫。努尔哈赤仅写了封信，为自己辩解，但也不敢再发动战争，直到他同明朝决裂后，才灭掉叶赫。

努尔哈赤心里明白，双方力量悬殊，即使明朝逐渐变得衰弱，但是实力仍然不能小觑。而自己虽领有建州、海西大部土地，却仍是偏居一隅之地的一股地方势力，若与"天朝"大国的明朝抗衡，自感力量远远不足。发兵过早，就将使他在名分上被置于反叛的地位，从而使自己陷入孤立。而且当时哈达、叶赫等女真各部皆忠于明朝，不仅如此，如果这个时候公开反叛明朝，女真诸部就会群起而攻之，已归附的女真势必纷纷叛离，他的统一事业会随之瓦解。努尔哈赤的远见卓识，就是他巧妙地利用了他与明朝的和好关系，避开同明朝的矛盾，从容地兼并女真诸部，明朝却没有干扰和妨碍他的行动。但是，尽管努尔哈赤以臣服的忠诚姿态来笼络和麻痹明朝，他所表现出来的逆行还是被明朝的一些有识之士看破。

万历三十五年（公元1607年），努尔哈赤不贡，至次年春"尚无消息"。辽东总兵李成梁与辽东巡抚上书，报告朝廷："奴酋不肯进贡"，这引起了朝廷的警觉，礼部侍郎杨道宾指出："努尔哈赤与其弟舒尔哈奇"皆多智习兵，信赏必罚，兼并族类，妄自尊大"，看来"此其志不小"。另一官员杨宗伯一语道破努尔哈赤的真正意图，说："建酋奴儿哈赤则意在自外，能贡而敢于不贡者也。"这是说，努尔哈赤欲脱离明朝而独立，所以，应该朝贡却敢于不贡！他列举努尔哈赤种种不法事实，认为他的"逆形"已露，罪恶已昭著，不可等闲视之。但李成梁等为努尔哈赤辩护，否定了他的意见。

李成梁在万历二十九年（公元1601年）重新担任辽东总兵。但是，他放弃了宽甸六堡。宽甸六堡本来就是在李成梁的建议之下修建的。著名的宽甸六堡位于鸭绿江以西，毗连建州女真，是防御女真的前哨，战略地位十分重要。虽然六堡的位置很重要，可从另一种角度来讲，修建宽甸六堡也正是李成梁的愚蠢之处。这几座城堡完全阻隔住了明朝与努尔哈赤。努尔哈赤在墙那边疯狂地扩张，而这边却始终不知道。不仅如此，到了万历三十四年（公元1606年），这个地方已经有住户6万多。也正是这一年，二次出任辽东指挥官的李成梁废除了六堡。因为他看到了努尔哈赤的崛起。于是，宽甸六堡被撤，6万多户人家从那里撤进辽东。有的人因为不愿意离开就被李成梁杀掉。宽甸六堡被撤，庞大而虚弱的明朝就直接展现在努尔哈赤的眼前。这个时候正是努尔哈赤快要有实力向明帝国开战的时候。

万历三十六年（公元1608年）六月，李成梁等把努尔哈赤、舒尔哈奇召到抚顺，阐明不贡的后果。努尔哈赤兄弟两人感到事态严重，马上向明朝"盟誓"，表示将过去二年所欠贡赋补齐。当年冬，他们果然履行诺言，进京补两年的贡，修复与明朝的和好关系。经过这次的事情之后，朝廷中对努尔哈赤已形成两种意见，而昏庸的神宗皇帝以为天下太平，并没把努尔哈赤放在心上，一意信任李成梁，以努尔哈赤已补贡，事即了结，不予追究，也无防范措施。努尔哈赤放心大胆地继续进行着对女真的统一事。

依照旧例，建州每年向明朝政府进贡蜂蜜。万历三十六年（公元1608年）以后，努尔哈赤已经有进兵辽东的计划，开始整军备战，以蜜充粮，贮谷实仓，决定停止向明廷贡蜜。万历三十六年（公元1608年），努尔哈赤停止向明朝进贡。努尔哈赤至明边，强裁参价，混用哈达部的敕书领赏。万历四十三年（公元1615年），努尔哈赤派兵占领柴河、抚安、三岔等地，并开荒种植。万历四十四年（公元1616年），辽东发生严重的水灾，后金国发生灾荒。万历四十五年（公元1617年），明军驻守清河城的官军出城采伐木材，被后金诛杀50多人。此时，努尔哈赤的动作已经很明显，他想攻打明朝，独霸东北。

尽管这时努尔哈赤进军的意图已经很明显，但是，明朝廷依然没有及时地做好防范。随后，努尔哈赤便加快了挥师南下的步伐。

明七大恨，誓师南下

努尔哈赤崛起时，明朝已由盛而衰。到神宗亲政时，由朱元璋创建的大明王朝，在经历了永乐、宣德，即史称"永宣之治"的短暂辉煌后，兴盛的局面早已成为遥远的过去。明神宗的暴虐统治，使得国家乌烟瘴气，官场贪污盛行，政治黑暗。在辽东，坐视毗邻的建州女真势大，有识之士一再发出警告，明神宗都充耳不闻。当努尔哈赤相继灭掉哈达、辉发、乌拉，叶赫危在旦夕之时，明神宗似乎感到了心神不宁，他开始感受到被藐视的"建酋"努尔哈赤咄咄逼人的气势，正向大明王朝发起冲击。他已多年不理朝政，而此时不免忧心忡忡，坐卧不安了。

一天夜里，明神宗做了一个噩梦，吓得不能入睡。第二天，他召见几位亲近大臣，诉说他的梦中之事："朕昨夜一连做了三次噩梦，每次都同是一个异族女子，跨在朕的身上，举枪刺朕，故使朕受到惊吓。

你们说说看，这三次梦是什么意思？可直言无讳，对朕讲来。"这几位大臣都不约而同地想到，这"异族"必指女真，敢于刺皇帝，不是努尔哈赤又是谁呢！于是，他们马上做出解释："陛下梦中的女子，就是现在的女直（真），是努尔哈赤的化身，他正在兴起，就要夺我们大明江山。"他们给圆的这场梦，很有道理，也很实际，明神宗听后，心里更加不安了。

明神宗刚做过这场噩梦，就传来努尔哈赤进攻叶赫的警报。叶赫首领金台石、布扬古急忙派人向神宗告努尔哈赤的状。接着，明朝派兵保卫叶赫，并向努尔哈赤发出严厉警告，努尔哈赤据理反驳，已如前叙。这表明，努尔哈赤同明朝的矛盾已趋向表面化，他看到了明朝正在衰败，再也不像以前那样逆来顺受了，说话的口气也越来越强硬。明神宗下令调兵援叶赫时，先派一名守备的下级官员肖伯芝赴赫图阿拉，送给努尔哈赤一份谕旨，申明君臣大义。肖伯芝以"天朝"自居，诡称朝廷

沈阳故宫

大臣，乘坐八抬大轿，妄自尊大，一见面，就命令努尔哈赤跪拜接旨，对努尔哈赤进行训斥。此时的努尔哈赤已非昔日可比，他手握重兵，当然没有被肖伯芝的装腔作势所吓倒！他以轻蔑的口气回答说："下我之书，为什么要下拜？善言善对，恶言恶对！"肖伯芝带来的谕旨，他看也不看，就命令肖伯芝回去，实际是驱逐。

努尔哈赤同明朝的矛盾非止一端，随着时间的推移，双方矛盾尖锐化，以至关系最后破裂，这是迟早要发生的事。因为努尔哈赤的势力日益发展，必然威胁到明朝在远东的统治。当明朝逐渐看清努尔哈赤的意图，再也不能袖手旁观，开始采取必要的措施，加以遏制，甚至直接出面进行干预，到这个时候，双方的矛盾转化为公开的冲突，便是不可避免的了。

努尔哈赤建立后金政权，实际是宣布独立，脱离明朝的统治，因而改变了他与明朝保持的世代从属的关系。一方面，明朝要维护既得利益，继续维持一统天下；一方面，努尔哈赤要冲出旧有的藩篱，建立他统治下的社会秩序，为女真（满族）重新挣得应有的权力和地位。双方对各自利益的争夺，必然发展成为军事冲突，至于哪一方先进攻，并不重要。

万历四十二年（公元1614年），在努尔哈赤准备建立新政权的前夕，明神宗派守备肖伯芝到努尔哈赤处"晓以大义"。事实上是让肖伯芝去探听一下努尔哈赤的虚实，没想到肖伯芝以为自己是"天朝使者"，妄自尊大，对努尔哈赤不屑一顾，定要他行跪拜礼。努尔哈赤根本不理会明朝的态度，对肖伯芝带来的文告看也不看，只是一面稳住明朝廷，一面为他的建国做积极准备。后金政权建立时，明朝方面并不了解这一最新事态，反而却是朝鲜最先探听到可靠的消息，向明朝报告，说努尔哈赤自称是一国之主，把大明改称为"南朝"。昏庸的明神宗对这件大事好像还没有反应过来，也许因为情况不明，一时还拿不准如何处置。在两年多的时间里，明朝没有任何动静，就是说，没有采取任何防范的措施。

在建立后金之后，努尔哈赤认为时机已经成熟，就翻起了旧账，决定起兵，反叛明朝。努尔哈赤的这个决策具有很大的冒险性，但是，努尔哈赤已在沙场奋战了35年，从指挥百余人到千军万马，积累了极为丰富的作战经验，况且现在他已拥有精锐的八旗军队，具有至高无上的权威。他对战胜明朝抱有必胜的信念。他深知明朝是个"大国"，打败它并不容易。因此，他马上进行精心地准备：他召集诸贝勒大臣，部署各军修造战备攻具。为防止泄露军事机密，假称给诸贝勒修马圈，派出700人，到附近山上砍伐木料。当年三月，传令将士检修兵器，加紧把马喂肥。他最担心明朝或有使臣前来，发现他备战的机密，就用这些砍伐下来的木材盖了马棚。

努尔哈赤命令八旗将士进行各项准备，而他则研究战略战术，如何制胜的兵法。到了四月，他向诸王贝勒具体阐述攻明的作战方略。他说，在军队，要讲智巧谋略，不使自己的兵士劳苦、疲乏为最好。打仗时，我众敌寡的情况下，首先应把我兵隐藏起来，不要叫敌人发现，只用少数兵去引诱，敌人被引诱来了，就中了我们的计策；如引诱而不来，就要详尽地研究城邑远近，相距远的话，即可尽力追击，相距近，则直抵城，逼使敌人自相拥塞，我兵众后面掩杀，必胜无疑。假使我兵只有一二固山（旗），遇到众多敌人，那就一定避免与之接近，马上返回，寻觅大军，然后再去找敌人所在的地方。如果只是二三处的兵，需要合兵后，量力而行。这就是与敌人进行野战的作战方法。接着，努尔哈赤又传授攻城的方法。他针对明军都以设防的城堡作为守御的阵地，对将士们说：攻打城堡山寨，要先观察它的态势，可以攻得下的，立即命令军队攻取，否则，就不要勉强进攻；如进攻却没有攻克，退兵回营，反而损害了军队的名声。胜败还取决于将帅的指挥。如果不劳己兵而又能克敌制胜，那才称得上擅长智巧谋略，无愧作三军的主帅。如劳师作战，虽胜何益？不管打什么仗，最上策就是自己不损兵折将而又能战胜敌人。

在作战的时候，如何部署和调配兵力，对胜败关系甚大。后金的军队实行的是八旗制，其基层是牛录。努尔哈赤十分重视如何发挥牛录的战斗力，他凭借多年的战斗经验，自有一套用兵的原则。他把这一原则也告诉了诸王贝勒，说：每个牛录有50个披甲的人，要留下10个人守城，40个人出战，其中携带两个云梯，以备攻城。从出兵之日起，到战斗结束，每个兵士都不得离开本牛录，违反此令，定要逮捕审问。我的命令必须向本牛录的兵士传达贯彻，如不传达，就将本牛录额真各罚马一匹。如已传达，而部下不听，就将违令者斩首。五牛录额真和各牛录额真以及其他将官，凡是委派的任务，如能胜任，就接受任务，倘不能胜任，也要说明白不能胜任，可以不接受委派。明知不能胜任却又接受了任务，不只是影响一个人，如管理上百人，就误了百人的事；若管理上千人，就误了千人的事！这些事都是我做汗的大事，也就误了国家大事！努尔哈赤从战略讲到战术，进而讲了针对不同的情况，采取不同的作战方法。他要求诸王贝勒把他讲的这些都传达给所有将士。

天命三年（公元1618）四月，努尔哈赤亲统两万步骑，首次出征大明。出师前，按照女真的习俗，举行了庄严的"告天"仪式。由他授意书写的"告天书"，毫不留情地痛斥明朝的种种罪过，阐明他有"七恨"而兴兵。"告天书"全文如下：我父、祖居于大明边境，寸土未损，一草未折，秋毫无犯，明朝无故生事，杀我父、祖，其此一恨；虽然杀我父、祖，我仍愿修好，曾立石碑，约定誓言：无论大明与满洲（即满族），凡越过双方边境者，发现即杀，发现而不杀，就处罚纵容而不杀的人。明朝背弃誓言，派兵出境，助守叶赫，此其二恨；自清河以南，江岸以北，明朝方面的人每年偷出边境，侵夺和为害满洲地方，我执行盟约，予以逮拿处死，明朝背叛盟约，反而责备我擅杀，拘留派往广宁的使者刚果礼、方吉纳二人，并用铁索锁手，逼我在边境杀十人，将他们换回，此其三恨；明朝派兵出边，守卫叶赫，把我已经行了聘礼的女子转嫁给蒙古，此其四恨；我世代为你大明看边而居住的柴河、三岔、抚安三堡，本属我有，我耕种的粮食，却不许我收获，派兵驱逐我民，此其五恨；边外的叶赫，是获罪于上天之国，却偏听其言，遣人送信，写下了种种恶言，对我侮辱，此其六恨；哈达帮助叶赫，两次出兵侵我，我进行反击，哈达遂为我所有，这是上天给予的。大明却又助哈达，逼令我顺复哈达，其后，叶赫屡次将我释放的哈达人掳去。天下各国互相征伐，符合天意者胜而存，违逆天意者必败而亡！在战争中死于锋刃的人，使其重生；已得的俘虏，强迫归还，有这种道理的吗？如果是上天委任的大国之君，应为天下所有国家的共主，怎么仅仅是我一人的君主？以前，扈伦诸部联合犯我，引起战争，因我符合天意，天厌弃扈伦而保佑我。大明帮助叶赫，就是逆天意，以是为非，以非为是，妄加评判，此其七恨。我受凌辱至极，实难容忍，故以此七恨兴兵。努尔哈赤诵读完毕，向天跪拜，将此告天书用火烧毁。

这就是著名的"七大恨"讨明檄文。在这所谓的七大恨中，努尔哈赤主要强调的是民族矛盾，并且重提父祖被杀一事。事实上，努尔哈赤父祖被杀这笔账，他早就算在了尼堪外兰的头上，为了防止明廷支持尼堪外兰，他还曾经表示"此事与朝廷无干"。然而现在，明朝成了他建功立业的最大障碍，这时候搬出七大恨，目的无非是为出兵正名，并挑起族人的民族情绪。所以，与其说这是对于女真各部反抗明朝欺压的宣言书，不如说是努尔哈赤已经准备好了进攻明朝、逐鹿中原、实现霸业的一纸宣战书。

此次大规模兴兵伐明，打的旗号，仍是报仇解恨，但从内容看，已远远超出复仇的局限，而且有政治的含意。他敢于痛斥明朝皇帝，并起兵征战，是他同明朝的公开决裂，从此不再存在臣属的关系。这表明努尔哈赤决心同明朝战斗到底，目的还是争夺统治权。后来的一系列战争证明了这一点。他在宣布军队纪律时，也突出了战争的政治性质。他说："在战争中俘虏的人，不准剥其衣服，不许奸淫妇女，有妻子儿女的，不要使他们夫妻离散。唯对抗拒不降的，杀无赦，除此，不得妄杀。"他不想借战争实施报复，而且要严格纪律，争取民心，有利于在明朝的土地上建立他的统治！

努尔哈赤建立后金国，仅仅过了两年，终于走上了同明朝进行战争的道路。这时努尔哈赤已经60岁了。他的威风、他的魄力，犹不减当年。他带领这支久经战阵的八旗精锐，义无反顾地踏上了征程。从此，明统治下的辽东再也没有安静之日了。

抚清之战，大军告捷

努尔哈赤在昭告天下"七大恨"誓师后，没有在赫图阿拉停留，直接把兵力分成两路，命令左翼四旗攻取东州、马根丹，而他自己则率领右翼四旗进发抚顺。

当时，明朝军政机构实行卫所制。抚顺是次于卫一级的边境小城，隶属于沈阳中卫。城建于明洪武十七年（公元1384年），地理位置很重要。它是辽东首府辽阳以东的边防重镇，明与建州三卫往来的交通冲要。在城东20里的地方，开设马市，实则是贸易市场，专供建州女真与汉人进行互市贸易。抚顺城西距沈阳约80里，西南至辽阳，西北距开原各约200里。城东面，修筑了边墙，正面对着建州女真。如沿苏子河溯流而上，或经陆路，可直达努尔哈赤所在的赫图阿拉。从长远看，努尔哈赤欲进辽东，就非得打开这条通路不可。明朝欲遏制努尔哈赤，就必须守住抚顺城。后金与大明谁也不想放弃抚顺。因此，抚顺自然就成了努尔哈赤首次攻取的目标。

努尔哈赤敢于首先向明朝动武，是凭着他的丰富的军事经验和远见卓识而做出的一生中最为重大的决策，他必是胸有成竹，胜券在握，当无疑问。然而，在具体落实到攻取抚顺的时候，不免有些踌躇，换言之，难免有几分担心。他明白，此战只能胜，不能败，如果遭到失败，后果不堪设想！

当后金军行进到距离清河不远的地方安营扎寨，在没有了解清楚抚顺当前的情况前，努尔哈赤还不敢贸然进攻抚顺。抚顺城作为明朝辽东边境上的一个重镇，不光是在军事战略上起着极其重要的作用。而且还是一座贸易重镇，在明朝与周边少数民族之间在贸易中的作用也不可低估。明朝还在这里设了一座抚顺关。辽东边墙外的少数民族，特别是女真如果要进入关内，就必须要通过抚顺关，所以地理位置极其重要。

说到抚顺关，努尔哈赤也很熟悉，他青年的时候经常到抚顺贸易，所以对抚顺的道路以及人们的一些生活习惯了如指掌。而镇守抚顺的将领李永芳和努尔哈赤也算是老相识，他们之间也打过多次交道，但几乎都是商业贸易上的洽谈而已。努尔哈赤从李永芳那里得知，抚顺是个兵强马壮的地方，城墙坚固不可摧，外敌要是攻打，简直是自找死路。

之前和李永芳之间的对话，在行军的路上努尔哈赤就一直在考虑，想从中找出个突破来，可是现在离抚顺城只有30多里了，还是没能想出一个很好的办法来。从先前来看，抚顺城墙坚固，兵强马壮。现在过去了这么多年，抚顺的防御工事应该会更加完善，这次夺取抚顺的计划怕是要艰难得多，甚至连如何下手都不知道。这个时候，努尔哈赤第八子皇太极进到营帐中。皇太极颇有谋略，在大家无计可出时，急中生智，向父亲献上一策。他说："听说抚顺游击（官名）李永芳大开马市，至本月（四月）二十五日结束。在开马市期间，边备必然松懈。我们趁机攻取，必能获胜，但宜智取为上策，请父汗先命令50人扮作贩马的商人，驱赶马匹，分做五路进入抚顺城。我随后带兵5000，夜深时赶到城下，举炮为号，内外夹攻，抚顺唾手可得。抚顺一破，其他几处不战可下。"

努尔哈赤听完皇太极的陈述，不禁大为高兴，多日来心中的愁云顿消。努尔哈赤马上表态，完全同意他的建议。皇太极又说："如果父汗觉得儿臣此计可行，就不能让大军再前进一步了。"努尔哈赤问道："为何？"

皇太极解释说："如果大兵压境，势必会让李永芳停止马市贸易，我们就会失去这次千载难逢的机会。"努尔哈赤不禁点头道："不错，看来我太心急了，把这么关键的一点忽略了。"于是，努尔哈赤的军队就在离抚顺城30里的地方安营扎寨，深挖战壕，丝毫没有要进攻抚顺城的意思。而这时候抚顺城内则是人来人往，热闹非凡，从各地赶来买马卖马的客商每天都有好几百人。刚开始，守城的军士们还对过往的客商仔细盘查，几天之后就慢慢地放松了警惕。

四月十三日，努尔哈赤统领两万大军，分作两路出发，会于古勒山住宿。第二天，选出50人扮作马商先行，然后将两路军再分为八路：左翼四旗攻取东州、马根丹两处；努尔哈赤及诸贝勒自率右翼四旗和八旗精锐亲兵直取抚顺。

到了晚上，天不作美，忽晴忽雨，努尔哈赤反复观察天气，有些心神不定，突然对诸贝勒说："阴雨天气，不便进兵，还是撤回去吧！"因为天气不佳，他竟决定撤兵。出师前，兴师动众，而此刻将偃旗息鼓而回，这反映了努尔哈赤对取胜尚无绝对把握，大抵是出于稳重，不愿冒更大的风险。他刚说出自己的想法，二子代善极力劝谏："我们同大明和好已久，今因其不讲道理，酿成仇恨，发兵已至其境，如到此而回，那么，我们是与大明和好呢，还是为敌呢？况且我们已经兴兵，这件事谁能隐瞒得了？天气虽阴雨，我军有雨衣，弓矢也各有备雨之具，不必忧虑雨水沾湿，除此，还忧虑什么东西会沾湿呢？而且天下雨，更使大明防御松懈，意想不到我们会兴兵。这样的天气，实际有利于我，不利于他们。"代善一席话，把问题分析得头头是道，努尔哈赤顿觉眼前豁然开朗，心花怒放，连连称赞代善说得很有道理，便改变撤兵的主意，于半夜时，传令全军整装出发。

随后，八旗大军排列百里前进。皇太极率5000人已抵达城下，而努尔哈赤亲自率兵往抚顺城接应。抚顺城内并无准备，守将李永芳对此毫无所知。先入城的50人知道他们的军队已兵临城下，就在城内放火、呐喊，闹得满城惊慌失措，而城外已被后金兵包围，想逃也逃不出去。努尔哈赤决定招降，如遭拒绝，再发动进攻。

这个时候，李永芳正在酣睡之中，突然被惊醒。这时守城的士兵慌里慌张地跑来了，上气不接下气地说："李大人，城外有一大批后金军攻城！"李永芳脸色顿变，他用颤抖的语气说："后金军攻城？敌军有多少？"士兵回答说道："天太黑了，看不清，少说估计也有上万人。"李永芳便慌里慌张地朝城门跑去。这时候潜入城内的后金军听到炮火声，立刻行动起来，他们拿着火把，把街道上的商店、茶楼等等公共场所全都点燃了。城内的守军和居民已经慌乱得不成样子，呐喊声、哭泣声混成一团，乱成了一锅粥。这个时候，后金兵在城外捉拿到一个汉人，让他带着招降信去见李永芳。

李永芳展开信件，脸色时阴时沉。书信是努尔哈赤亲自写的：素闻将军是员谋勇双全的战将，但是英雄也要审时度势。现在明朝朝廷腐败，民不聊生，正是大丈夫有所作为之时，望将军不要意气用事。我素来仰慕将军的才能，如果将军肯弃暗投明，实是我大金之幸、天下苍生之幸。他接过来信，信中强调的是，不投降，必死无疑，切莫后悔；如接受招降，城内军民都会保全，他本人可与之结为姻亲，破格提拔职务。最后，一再告诫：要相信信中许诺的条件都是可信的，机不可失，时不再来。李永芳看完了信，没有立即表态，却穿上明朝的官服，登上城南门的垛口，表示要投降，但同时又下令明兵准备防守。努尔哈赤见此情形，下令竖云梯攻城。其实，李永芳是故作防守的姿态，并没有认真防守，后金兵进攻不到一个时辰，已经登上城墙，守备因组织抵抗而被斩了。这时，李永芳仍穿着官服，骑上马，从城门出来，缓缓走向后金兵营，前去投降。当见到努尔哈赤时，他下马跪在路旁，努尔哈赤在马上拱手答礼，接受他的投降。

努尔哈赤首战告捷，城内军民除少数抗拒而被杀外，绝大多数都放弃了抵抗，一律被收养，重新编户。同一天，共攻取抚顺地区大小城池10余个，小村4000余个。努尔哈赤进驻抚顺城。第二天，全军都出城至郊外会合，然后撤离抚顺。此战共获30万人畜，就地分给了部众，另将降民编了1000户。抚顺城内，有来自山东、山西、河东、河西、苏州、杭州、海州、易州等地的商人。努尔哈赤从中选出16人，赏给银子做路费，把他的"七大恨"文告交给他们，让他们返回内地，广为宣传。努尔哈赤又留下4000兵于夜里将抚顺城拆毁，把这座设备完善的抚顺变为不设防的城池，以防明兵卷土重来。

同年四月二十一日，后金班师。努尔哈赤料到明朝闻讯，会派兵来追击。他就在离明境二十里的立营。不出所料，明朝辽东总兵官张承胤、副将颇廷相、参将蒲世芳、游击梁汝贵率兵1万，分五路前来追击。努尔哈赤闻讯，很不以为然地说："他们不是来和我们交战的，只是虚晃一下，诈称把我们的兵驱逐出境，用以欺骗他们的皇上。我谅他们也不敢等待我兵之来！"他给正准备迎战的代善、皇太极捎信："停兵勿动。"他们兄弟俩奉命把军队撤到边界驻守，又请示说："明兵若是等待我军之来就打，若是不等待，就是败走了，我们应乘机追袭其后，否则，我们默默而回，他们就会误以为我们害怕不敢打。"努尔哈赤批准了他们俩人的建议，分兵前进，三处安营，占据有利地形，做好了迎战的准备。当交战展开后，后金很快占了上风，发挥骑射的长技，将明兵打得大败。更不幸的是，张承胤、蒲世芳等战死，颇廷相、梁汝贵冲出重围后，也相继战死于阵中。将士万人，生还者百无一二。战斗结束后，后金军队于四月二十六日返回赫图阿拉。

后金与明首次交锋，以全胜告终。取抚顺时，并没有激战。明朝御史张铨所评论："承胤不知敌诱，轻进取败，是谓无谋；猝与敌遇，行列错乱，是谓无法；率万余之众，不能死战，是谓无勇。"做为统帅的张承胤无谋、无法、无勇，岂能不败！根本原因，还是明将士腐败无能，指挥官缺乏良好的军事素养。战后，努尔哈赤实践已许下的诺言，按明朝的典制，提升李永芳为三等副将，这比起他的原职游击已有了显著的晋升。努尔哈赤曾许若李永芳结为姻亲，这时也予以兑现，将他的第七子阿巴泰的长女嫁给了李永芳，设盛大宴会，给他成亲。按辈分，努尔哈赤成了李永芳的祖父。从后金建国，这大概是满汉通婚的第一例。李永芳从明朝的一个普通的游击将领，摇身一变而成了后金国的皇亲贵戚，称"额驸"。李永芳也是明与后金战争伊始投降的第一人。这一事件对后来明将降后金影响极大。努尔哈赤还把收降的1000户都交给李永芳管辖。努尔哈赤履行诺言，政策兑现，反映他对李永芳叛明降后金这件事的高度重视，因为他从现实看将来，确信他的这一优惠政策必将产生重大效果。

努尔哈赤攻取抚顺时，又得到了一个将来更有大用的人才，他就是范文程。当时，文程还仅是个沈阳生员，即读书人。清官方史书说他

"仗策谒军门"，主动投靠后金，实际他是被俘人员，努尔哈赤本想把他同其他被俘人员处死，但知道他是个读书人后，对他很有用，就赦免了他。经再一细问，才知道他是宋朝名相范仲淹的后裔，不禁肃然起敬，特意叮嘱他的诸子说："他是名臣的后人，要好好对待。"范文程堪称是治国的栋梁之才，他为皇太极和顺治两朝谋划国家大事，发挥了重大作用，在一些关键问题尤其展示了他的非凡的远见和才能，被清朝列为开国元勋之一。努尔哈赤成功地夺取了抚顺，收降李永芳、范文程等人，信心倍增，于五月十七日再次出兵，进入明边界以内，十九日围攻抚顺以北、铁岭以南的抚安、三岔儿等，连续攻取了大小城堡共11个。通过李永芳的劝降，又收降了许多百姓。抚顺之战是后金建立对明朝的第一战，这一仗的结果对努尔哈赤来说非常重要。抚顺一战，金军以很小的代价就攻破了抚顺城。皇太极这个策略的运用至关重要，从此以后努尔哈赤就更加看重皇太极。

在接连攻取数个城堡之后，同年七月二十日，努尔哈赤又发动了对清河的战役。清河堡（今属辽宁本溪清河城）位于抚顺东南，是仅次于抚顺的边防重镇之一。主要是明廷针对建州女真而严加设的防，原驻军达5000余人，被后金攻取前，又增援3000人，总数近万人，其中有炮手1000多人。后金兵临其地，驻清河的参将邹储贤用万人固守。努尔哈赤指挥八旗军队攻城，明兵从城上投放滚木石块，施放火炮，箭矢如雨，都不能阻挡后金兵的攻击，他们冲至城下，挖掘城墙，打开洞口，蜂拥而入；另一部分则竖云梯，从城墙上冒死飞跃入城，明兵四散溃逃。邹储贤杀了坐骑，放火烧了营房，率亲兵拼死一战。

此时，已经归降努尔哈赤的李永芳出面招降，邹储贤大骂，遂战死于城南门。游击亦战死，全军近万人皆死于阵中。一场血战后，清河堡陷落。离此很近的两城的官民闻风丧胆，没等后金进攻皆弃城逃跑，后金兵不刃血而得两城，将全城拆毁，搜索所有粮食，然后凯旋班师。抚顺、清河两次战役，中间相隔三个月，但后者实为前者的继续，是努尔哈赤发动的一次战役的两次行动，故史称"抚清之役"。

抚清之役，是明清（后金）战争史上双方首次交锋，以后金的全胜而结束。从战斗及其结局，努尔哈赤看到了明朝军队的种种弊端，也是其政治腐败的反映。在没有做准备的情况下，明朝被努尔哈赤打了个措手不及。对于明朝来说，战争已经开始，并将继续下去，而此时明朝要做的事情就是反击，一举吞灭后金。但是，此时的努尔哈赤士气正盛，两军交战，胜负难测。

运筹帷幄，取萨尔浒

努尔哈赤攻陷抚顺、清河二城，掠其人畜，斩其大将的消息，接连飞报到北京。昏庸的明神宗及朝野上下，好像被击了一猛掌，无不震惊、恐慌！这是明统治辽东200年来未曾有过的一巨变。早年曾有李满住等女真首领"寇边"骚扰，未曾料到的是，努尔哈赤比这些人更为凶猛。此前，尽管努尔哈赤与明朝发生了诸多纠葛，尚未引起对方的过多注意，而抚顺、清河的失陷，却使明朝最为惊骇。明末所谓"辽事"问题，实际就是从努尔哈赤攻陷抚顺开始的。

努尔哈赤发动抚清之役，终于使明朝统治集团从睡梦中惊醒过来。在一片惶恐不安的气氛中，明神宗责成内阁大臣会同兵部等各部门商讨对策。于是，调兵遣将，筹饷募兵，重点防御山海关、广宁、辽阳等重镇。虽说努尔哈赤远在辽东以外，并无内进的迹象，但明朝君臣好像大祸临头，各处布防，意在防卫京师。

明朝并不是仅仅加强防守，从一开始就酝酿对后金进行一次大规模的征剿。在得到抚顺失陷消息的当天，明神宗除了指示应采取的应急措施，还提出了"大举征剿事"，要朝中百官举行会议，讨论落实。过了20天后，明神宗找来兵部，再次强调征伐努尔哈赤的必要性。他说："辽左（以处京师左侧得名）失陷城堡，陨将丧师，损害朝廷威望，莫此为甚。你部要与各有关督抚各官、沿边将士亟图战守长策。各处城堡，都要用心防守，遇有敌人进犯的警报，并力截杀，务挫狂锋。远调经略，且夕出关，援兵四集，即共同谋划，大彰挞伐，以振国威。"他还警告一些空谈军机的人："国法俱在，决不轻贷！"

一向不务政事的神宗皇帝，确实被努尔哈赤的军事进攻震醒了，他已意识到事态的严重性，几年前梦中的"异族女子"真的举枪向他刺来，他再也不敢疏忽，不待大臣们提议，他先发出命令，准备大举进攻后金。有了皇帝的旨意，大臣们赶紧讨论，很快确定领兵的人选，他就是杨镐。此人于万历八年（公元1580）中进士，平步青云，累次得到提升，至经略朝鲜军务，援朝抗倭，遭到惨败，险些被正法！抚顺警报传来，杨镐再次被起用，任命他为兵部右侍郎经略辽东。在抚顺陷落近两个月，于六月赴山海关，催调宣府、大同、山西、延绥、宁夏、甘肃、固原等边镇劲卒16000及蓟镇台兵，从国库支出饷银20万两。明神宗特赐尚方剑，授权杨镐：凡总兵以下各将官如不用命或犯有军纪等严重过失，即可军法从事，先斩后奏。

主帅杨镐已被任命，其余两件大事必不可少，一是厚集兵力，一是筹集充足的粮饷，两项缺一不可。除前调宣府等七镇兵之外，另增调叶赫出兵，再调属国朝鲜派兵。朝鲜应命，派元帅姜弘立、副元帅金景瑞率三营兵马13000人，渡过鸭绿江，参加这次军事行动。总集兵力有多少，史书说法不一。清朝官方史书说，杨镐集兵20万，号称47万。明朝方面也各有说法，记此次出兵总数为8万余名，这个数字较为可靠。综合各种说法，明朝的兵力在10万以下，8万以上。

近10万兵马，需大批粮饷。明神宗批准，将这项负担转嫁给农民，每亩加征赋额，万历四十六年（公元1618年），全国骤增饷银300万两。他们把这项专用于征辽的饷银，称为"辽饷"。后随着战争的继续，加派逐年增多，三年间连续逐年增派，最后达到520万两，这就是说，农民除了按亩纳赋外，还须额外再纳一笔辽饷，集全国此项加派，以520万为岁额。这就是明末有名的"辽饷"，后又为剿灭李自成等起义军，又加派了"剿饷"、"练饷"，合称"三饷"。此为明末一大虐政，最终把明朝葬送，而"三饷"之来，首始于此次征剿努尔哈赤。

就在努尔哈赤攻陷抚、清的同年冬，明朝征调的各镇兵马及叶赫、朝鲜的援军云集辽东，粮饷也源源运来。现在问题，该是如何组织进攻。杨镐本无军事大才，虽任官30余年，实际多在官场周旋，援朝战场上的表现，已露才拙，不足堪当大任。但以他熟悉"辽事"，被推为主帅。在面临制定作战方略时，竟"计无所出"。朝中大学士方从哲、兵部尚书黄嘉善、兵科给事中赵兴邦等人不顾边防实际，以"师老财匮"为由，每天发红旗，或写信，催促杨镐赶快进战。杨镐心慌意乱，同各方督抚大员及有关将领紧急会商，最后制定出一套分兵四路，分进合击的战略，攻向后金的中心——赫图阿拉，一举歼灭。四路的阵容及兵力、主将配置如下：

沈阳一路，又称左翼中路，以山海关总兵杜松为主将，以保定总兵王宣、原任总兵赵梦麟为辅，命分巡兵备副使张铨为监军，统率二三万人马，自抚顺出关，从西面进攻赫图阿拉。

开（原）、铁（岭）一路，又称左翼北路，或直称北路。以原任总兵马林为主将，以开原管副总兵事游击麻岩等7人为将官，命开原兵备道金事潘宗颜为监军，统率包括叶赫军队在内，共15000人，从靖安堡出击，攻其北面。

清河一路，也称右翼中路，或称南路。以辽东总兵李如柏为主将，以管辽阳副总兵事参将贺世贤等12人为将，任命分守兵备参议阎鸣泰为监军，率二三万人马，从鸦鹘关出边，攻其南面。

宽甸一路，也称右翼南路，或直称东路。以总兵刘綎为主将，管宽甸游击事都司祖天定等6人为将，以海盖兵备副使康应乾为监军，会同朝鲜援军，共两万人左右，自凉马佃出边，从东面取赫图阿拉。

四路中，以杜松所部及李如柏所部兵力稍强，从正面进攻赫图阿拉，构成了主力部队。杨镐为全军主帅，坐镇辽阳，约定四路于万历四十七年（公元1619年）二月二十五日出发，三月一日出边，二日于二道关合营进关。他把明军出师日期派人通知了努尔哈赤。

从明神宗发出征剿后金的谕旨，到动员全国，征调雄兵猛将，厚增粮饷，皆倾注于辽东一隅之地，气势汹汹，大有灭此朝食之慨。明朝发动大规模进攻，不仅是对努尔哈赤袭取抚清的一次大反击，更重要的意图是，欲一举歼灭后金，将其扼杀于摇篮之中。

万历四十七年（公元1619年）正月，努尔哈赤又亲自率领大军征讨叶赫，拿下了大小屯寨20多个。叶赫一向最得明廷的支持，便马上把消息给报了上去。明廷原来听说抚顺、清阿沦陷，已经派兵部左侍郎杨镐为辽东经略，起用了山海关总兵杜隆和大将李如柏等大举讨伐努尔哈赤。如今又接到叶赫的来报，便按捺不住，催促杨镐等进兵，并又调取了福建、浙江、陕西、四川、甘肃等省兵力，齐集在辽阳，期望以重兵把努尔哈赤消灭在赫图阿垃，挽回曾经败亡的耻辱。杨镐住在沈阳，命令众将分四路进攻：左翼北路，总兵马林，自开原出靖安堡攻其北；左翼中路，总兵杜松，出抚顺攻其西；翼中路，总兵李如柏，从清河、鸦鹘关攻其南；右翼南路，总兵刘綎，从宽甸出攻其东南。四路军兵长驱直进，气势不可抵挡。其中总兵杜松十分轻敌，他不听文臣劝谏，打起仗来靠的是一身的莽夫之勇。他带了3万人马，出抚顺关，把大营驻扎在萨尔浒山上，自己则率领1万人去攻打界藩山。

第二年初，明军与后金已经陷入了对峙状态。努尔哈赤对明军的大举来袭并没有感到惊慌，在清楚地分析了形势之后，他一面派大贝勒代善率领五千兵马驻守扎喀关，抵御明军的进攻，一面亲统人军乘虚出征支援明军的叶赫部。在获得节节胜利之后，叶赫部的锐气被大大挫伤，努尔哈赤这才转而对付明军。自从明朝发兵以来，努尔哈赤一直在密切地注视着他们的动向。他估计明军长线作战、大举进犯，必然是希望速战速决，但他们的后勤补给肯定不能支持长久战，针对这个弱点，他开始做长久防御、坚壁固守的准备。

二月，后金派出15000人的兵马，到萨尔浒山上筑城，建立防御重地，并派骑兵前去保卫。二十四日，努尔哈赤收到杨镐的信，如其所料，明兵即将大举进犯。数日后，他接连得到哨探的报告，从西边抚顺方向，南边栋鄂方向，均已发现明兵。努尔哈赤沉着冷静地分析，对明朝的战略进行估量。他判断，明军的主力是从抚顺方向来的一路即西路杜松所部，应全力攻击此路军，然后再逐个歼灭其他几路军。他向诸贝勒大臣阐述他的作战方略是各个击破，归为他的一句名言："恁尔几路来，我只一路去！"努尔哈赤准备集中优势兵力打击主力明军，然后再将其余的乌合之众各个击破。

杜松所率明军主力，于二月二十九日自辽阳出师，三月一日出抚顺关，抵达浑河岸时，天色已晚。将士们都想就地安营休息。杜松来到河边，发现河水深不及马腹，便令全军渡河。这正是枯水季节，河水不深。时届初春，在北方，冰雪尚未化尽，天气还是很冷的。杜松这位悍将，却不顾傍晚气温下降，率先脱掉衣服，骑上马，大喝一声，马跃入河中。诸将急忙请杜松把铠甲披上，以防后金的突然袭击。杜松哈哈大笑，说："上阵穿铠甲，不是个男子汉大丈夫。我从小当兵，当到现在都老了，还不知铠甲有多重呢！"他一边说，一边麾兵前进。全军将士受此激励，也都跟着解衣渡河。按预定计划，二日进至二道关，会合李如柏部，两路并进。杜松自顾急于进兵，犯了冒进的大忌，酿下了悲惨的结局。

杜松自顾渡河，未曾料到的是，后金派往界藩保卫筑城夫役的400骑兵已埋伏在萨尔浒山谷口。当明军兵马渡河至河心处，后金兵突然发起攻击，专攻明军的尾部，冲杀至界凡河，那些手无寸铁的筑城夫役也投入了战斗，占据了有利的地形——吉林崖。毕竟明兵数量占据绝对优势，很快从惊慌中镇定下来，冲上河岸。杜松挥师包围了吉林崖，发起了攻击，另分出一军，在萨尔浒山上扎营。

努尔哈赤亲率六旗4万兵力包围萨尔浒山，命儿子代善、皇太极率二旗兵力在界凡城迎击明军。之后，努尔哈赤的八旗兵向萨尔浒山发起猛烈攻击。与此同时，吉林崖上的后金兵也从上往下猛冲猛打，右翼二旗的兵及时地应援，夹击明军，将其置于腹背挨打的境地。杜松率诸将拼死搏战，杀得难分难解。努尔哈赤已袭破萨尔浒明军大营，立即挥师界藩，四面攻入，将明军分割成数块，短兵相接厮杀，兵器撞击声、战马嘶鸣、喊杀声交织在一起，在夜空中震荡，真是惊心动魄！杜松在乱军中，左冲右突，无法摆脱如潮涌一般的后金兵的攻击。突然一箭飞来，正中杜松头部，接着他又身中数箭，一头栽于马下而死，王宣、赵梦麟等副指挥都在混战中阵亡，全军覆没。明军尸横遍野，血流成河。他们的各种兵器、旌旗、甲仗、尸体浮盖于浑河之上，如解冰旋转而下。史称此次战争为"萨尔浒之战"，是因为在这个地方打得最为激烈，此路为明主力被歼，也就决定了此战的胜败结局。

八旗兵在萨尔浒山取得速胜后，奋勇打击其他三路明军。努尔哈赤率大军北进，恰好同马林所部明军相遇。原来，马林率所部出边后，于三月一日到达稗子峪，就地安营。当天深夜得知杜松军覆没，吓得不敢进兵，急忙撤到离萨尔浒40里的尚间崖，紧急布阵，修筑防御工事，挖壕三道，壕外列大炮、火枪，在外层密布骑兵。尚间崖之西有斐芬山，潘宗颜率部驻守；游击龚念遂等率部也驻守在近处的斡浑鄂谟安营。第二天，努尔哈赤携八子皇太极率军不足千人，先攻龚念遂部，大败明军，龚念遂、李希泌等将领皆死于阵中。努尔哈赤正立马观阵，代善飞驰来报：马林部明军已在尚间崖安营。努尔哈赤未及通知皇太极，即同代善飞驰至尚间崖，见明兵已攻了上来，传令八旗骑兵下马步战。后金有左翼二旗兵力，已来不及下马，代善策马直冲上去，与明军混战。不多时，另外六旗也及时赶到，一齐杀入。明军靠火器接战，火器的速度远不及骏马飞驰的快，当后金兵赶到近前时，火器都失去了作用，于是四散奔逃。副将麻岩等被斩于阵中。明兵死伤累累，鲜血染红了尚间崖下的河水。只有马林逃脱，保全了性命。努尔哈赤掉转进攻的矛头，直逼斐芬山。明兵以有利地形进行抵抗，但是孤立无援，在后金兵的猛烈攻击下，全军被歼。至此，努尔哈赤又粉碎了北路侵犯的明军，取得了尚间崖、斐芬山大捷。明军尽没，监军潘宗颜与游击窦永澄、守备江万春、董尔励等皆战死。当马林等遭到惨败时，叶赫首领金台石、布扬古率部才进至中固城（今辽宁开原市中固村），看到明军败状，大为惊恐，吓得回师，才得以保全。

　　明军四路已失其两路，另两路，一为刘綎部，一为李如柏部。后金哨探已探明两路军，努尔哈赤先放掉李如柏部，集中兵力专攻刘綎部。当时，刘綎率领的东路明军抵达阿布达里岗，距离赫图阿拉城只有50余里，李如柏率领的南路明军进抵虎栏，形势十分紧张。他迅速回到赫图阿拉，立即命代善、皇太极等率领大军急速前往东线迎战刘綎，自己率领4000人马留守赫图阿拉，防止李如柏的南路明军到来。代善和皇太极到达阿布达里岗与明军相遇，他们各领左右四旗，围攻夹击。

　　刘綎部行进在崎岖的山间小道，行军速度缓慢，迟至三月二日才推进至清河，但已深入300里。对杜松、马林二路军的失败，一无所知。行至清风山时，一位自称是杜松属部的士兵，带着杜松的令箭前来，催促刘綎尽快进兵。刘綎一见令箭，不禁大怒，痛骂杜松："同是大帅，竟向我发号施令，岂有此理！"这个士兵传达完指令，就走了。此人正是努尔哈赤派出的间谍，欺骗刘綎快速进兵，以便用计破他。离赫图阿拉越来越近了，只听到炮声不断，刘綎误以为是杜松抢了头功，他再也按捺不住焦急的心情，下令加快进军速度，很快便进入后金兵的包围圈。这时有一队明军——实则是后金的军队，打着杜松的旗号迎了上来，声称是来迎接刘綎部的。

　　四日，明军已进至阿布达里冈。这一带荒无人烟，只见群山林立，层峦起伏，林木丛生。后金兵设伏于此，有皇太极率右翼兵自山冈下冲，居高临下冲击；代善率左翼兵攻取西侧，埋伏于瓦尔喀什山南深谷中的阿敏等率部从后面包抄，而冒充杜松部明军的后金兵从内部攻杀，顿时把刘綎全军搅得混乱而不成列。刘綎毫无思想准备，而且全军都行进在狭窄的山路上，无法展开队形，被后金兵分割，互不相应，很快被打得毫无还手之力。刘綎是明将中最为骁勇的一员猛将，使用一镔铁刀，据载重达120斤，在马上轮转如飞，人称"刘大刀"。但此刻陷入重围之中，犹奋力死战。他的左右臂中流矢，伤重而不顾；又面中一刀，截去半个脸颊，还是死战不已，亲手杀死数十名后金兵，最后，这位南征北战的勇将终于倒在血泊里挣扎至死。他的养子为救刘綎，同时战死。战斗从上午一直激战到晚间，万余明兵除极少数侥幸逃脱，全部被歼，这山冈转眼之间成了明军的坟场。

　　与刘綎军等同为一路的还有康应乾所领的一支明军和朝鲜援军。代善乘战胜刘綎军之锐气，南向进战，行至富察甸，两军相遇，不须细说，明军又败，康应乾仅以身免，剩下朝鲜军，不愿遭明军同样的厄运，最后"元帅姜弘立以下，全军投降"。代善与诸贝勒大臣共议，接受投降，把他们送到赫图阿拉，听候父汗处理。坐镇辽阳的总指挥杨镐，一心等待四路捷报传来，不料先已传来的是两路军覆没的消息，顿时惊得说不出话来。待稍一冷静，马上想到剩下的两路也必无胜利的希望，便急令刘綎、李如柏两路撤军。刘部路远，且已深入，命令尚未传到，已被消灭。李部路近，进军迟缓，幸亏努尔哈赤先放过了他，双方还未交锋，使他及时接到撤退的命令，才得以全军生还。

这次大战，历时仅4天，分3个战场进行，后金以6万兵力对明军近10万，以全胜而告终。明朝损失惨重。计阵亡道、镇、副、协、参、游、都司、通判、守备、中军、千把总等高级、中级及低级军官共300余员名，阵亡士兵4万余员名；损失马、骡、驼，共2万余匹（头）。战后，生存而归队的官军共4万余员。这就是说，阵亡者已超过总兵员近9万人的一半。后金损失人员极少，将领级军官无一损伤。明朝方面于战后的报导，的确也未报过杀死多少后金兵，只是零星报的数字，或几人，十几人，至多如刘綎部消灭后金兵也不过一二百人。有的书如《国榷》说刘綎部杀敌最多，斩首3000级。

在这次大规模的战役中，努尔哈赤率领的后金军以少胜多，还用最小的牺牲取得了最大的胜利，这完全得力于努尔哈赤的沉着应战和指挥得当。集中兵力，各个击破，这一古来作战的基本原则之一，努尔哈赤运用得十分巧妙。当然，他的胜利还有政治上的原因。后金是一支新兴的政治势力，君臣一心，显示出蓬勃的政治活力，注入到为命运之战，为生存而战，从这个意义上说，努尔哈赤组织后金反击明朝的军事围剿，不能不具有进步意义。而明军的失败，原因更为复杂，朝中大臣们纷纷评论，总结教训。从军事上说，所谓四路分进合击，首要的问题是将帅应该合心，统一行动，合击才能发挥战斗力。但实际情况是，杜松急进，马林迟缓，刘綎先行，李如柏故拖，如此不齐，就无法分进合击。他们各怀心事，或争功冒进，或胆怯迟疑，或将异己置于孤危之地等等。再说朝中阁臣"全不知兵"，极力催战，致"马上催而三路丧师"。他们决策进兵，实际心里想的并不愿打，不过虚应故事而已。杨镐身为主帅本没有大打的决心，甚至把出师日期事先通知了努尔哈赤。不仅军事以至于此，深一层的原因，还是明朝政治腐败，将帅、大臣少有为国之心，虽武器精良、人马众多，终不免一败，并不令人奇怪。杨镐身为主帅，损兵折将，给国家招致奇耻大辱，被逮下狱，定为死罪，监押十年，迟至崇祯二年（公元1629年）伏法。虽说罪有应得，但也是做了政治斗争的牺牲品、他人的替罪羊。

萨尔浒之战明军失败后，明廷改派熊廷弼为辽东经略，努尔哈赤便按兵不动，蓄势以待，静观其变。等到明廷罢免熊廷弼，以袁应泰取而代之的时候，努尔哈赤便乘乱发起沈辽之战，大获全胜。在这次战役之后，努尔哈赤扩充了自己的力量，后金的兵员数量达到了20万，军事实力第一次能够与明军势均力敌。这次战役的另一个重大意义是打退了明朝的进攻，为努尔哈赤的发展争取到了时间和安定的环境。战后的努尔哈赤立即开始在临近明边界的地方屯田驻军，移民筑城，时时的骚扰明朝边防，而明朝在战役后却元气大伤，只能是消极应对，再没有能力轻言大军讨伐。在萨尔浒战役之后，明朝与后金的攻守形式发生了根本性的转折，努尔哈赤由守势转为攻势，增强了进军中原、颠覆明朝的决心和信心。

得获开铁，直指中原

天命四年（公元1619年）三月，萨尔浒一战中，后金大胜明军，杨镐的四路明军被后金击败消灭三路，此战后金歼敌数万人。六月，努尔哈赤移驻界凡城，修立行宫，建立衙门，以此作为临时都城。天命五年

（公元1620年）九月，努尔哈赤又由界凡移驻萨尔浒。这时，辽沈之战的爆发已是迫在眉睫，努尔哈赤对明采取蚕食政策，后金的统治中心逐渐西移。

乘萨尔浒大胜之余烈，努尔哈赤为扩大战果，又迅速把目光转向了明在辽东北部两座重镇——开原和铁岭。

开原城（今辽宁开原市老城），位于辽河中游左岸，其东和北两面毗连女真人住地，西北又与蒙古相接，是明朝通使和控制"外夷"的门户，战略地位十分重要。明洪武年间，此城成为明朝辽东都指挥使司北部边境的一大重镇，长期以来就在此城驻扎重兵，设立关市，开通驿道，对联络女真和蒙古等少数民族，维持明在东北乃至全国的统治，发挥了重大作用。但是努尔哈赤统率女真人重新崛起，特别是后金建立后，开原城面临的威胁日益严重，它的战略地位越来越不稳固。还在明万历三十七年（公元1609），明朝派熊廷弼巡按辽东，努尔哈赤虽在辽东境外统一女真各部，这位巡按大人以他的敏锐的目光，确已看清努尔哈赤将来必为辽东以至全国的大患。他以十分紧迫的心情向朝廷发出了"今急急救辽之策"，这就是要在开原增兵1500人，居中策应；在庆云堡增兵1500人，或在静安堡，或柴河堡增兵1000人，用以防备"奴众"（指努尔哈赤）向内地发动袭击。他呼吁："此救开原第一议也。"因为军队难调集，此议不了了之。

明朝还企图利用叶赫，扶植它来同努尔哈赤抗衡，这还是明朝惯用的"以夷制夷"的传统之策，也是个陈旧的药方子。明朝最怕女真和西部蒙古联合抗明。开原恰恰处于东边女真与西边蒙古之间，但"开（原）、铁（岭）远在东北，孤悬天末"，唯多建敌楼，修边墙，限隔夷（女真）房（蒙古）合谋，才能保住全辽。这些挽救危辽的办法无一

谋取神州

清朝开国奇谋

奏效。就说联合叶赫，对抗努尔哈赤，也行不通。因为此时的叶赫已衰弱，自知无法同努尔哈赤的新兴势力进行较量，唯恐得罪而惹出大祸，所以总是观望未定。杨镐令叶赫出兵，夹攻后金。他们不得已，勉强出兵，迟迟疑疑，不肯向前，才行至开原南二十里处，听说明军已败，赶紧回军，不敢同后金争锋。所以，明官员指出："夷虏合兵，开、铁危机，金（台石）白（杨古）不肯为用。"

萨尔浒战后，明朝对辽东的危机感加深了，不禁忧心忡忡，尤其忧虑开原与铁岭的安危。开、铁地远，鞭长未及，明朝衰弱，已是力不从心，还是想利用叶赫抵制努尔哈赤，要求叶赫扎营于开原，如果"奴贼突犯开、铁"，叶赫即应发兵去"抢奴寨"。为达到这一目的，明朝极力拉拢叶赫，不时地犒赏。然而，叶赫已是无能为力，前叙天命四年（公元1619）正月，萨尔浒战役前夕，努尔哈赤率大军征叶赫，一直进兵到叶赫城东10里，它却无力自卫，还求救于开原总兵马林。只是努尔哈赤暂时避开同明军交战，各自退兵。显然，明朝企图利用叶赫保卫开原，也是枉费心机。

努尔哈赤的目标是夺取全辽之地。这个想法，在萨尔浒战后已明白地告诉了他的诸王大臣："前日之捷，天也。勿以屡捷可恃，我必得辽（东），然后可以生活，你（们）当以尽死于辽东城下为心云。"攻取开原、铁岭，就是他"必得辽"的第一步。

天命四年（公元1619年）六月，努尔哈赤率大军四万开向开原。他亲自率领八旗4万兵马向开原进军了。行军三天，正赶上天降大雨，河水猛涨。他向诸王贝勒大臣征求意见："天气不好，是撤回去呢？还是继续进兵？如进兵，道路泥泞，河水涨，难渡怎么办呢？"后决定，不要撤兵，先等两天，待水退地干，再进兵不迟。此次出兵，带有很大机密性，不让明朝方面知道，以攻其不备。努尔哈赤担心在途中停留两天，会导致军事秘密泄露，于是就采取声东击西之计。他派出100人组成一支精悍的小部队，悄悄返回抚顺，再从这里公开驰赴沈阳方向，在其周围抢掠，给沈阳驻军造成一个假象，误以为后金要进攻沈阳，由此吸引了明朝的注意力，忽略对开原的防守。这时，派往开原方向察看道路的人返回来报告说：开原一带未曾降雨，河水未涨，道路也不泥泞。努尔哈赤大喜，立即传令大军起行。进军顺利，于十六日兵临开原城下。

明朝防守开原的将领有：总兵官马林、副将于化龙、参将高贞、游击于守志、备御何懋官等，推官郑之范署监军道事，负责守军的监军事宜。守将不少，但无准备，也没有实际的防范措施。本来，明朝早就担心努尔哈赤攻开、铁，许多大臣已提出加强防御的要求。当时，城中主将开原道韩原善还没有到任，开原的城防由推官郑之范暂领。郑氏其人"赃私巨万"，异常贪暴，根本就没想过要去加固城防。萨尔浒一战败归的总兵马林则将希望寄托在西部蒙古二十四营的援助之上，而未能抓住时机积极设防。

马林和诸将竟失去警惕，以为天下太平。此刻，当后金兵已临于城下时，他们的军马还散放在百里以外放牧吃草。马林等慌忙应战，命多数兵布防在城外，以少数兵登城抵御。不仅如此，在这一关键时刻，蒙古的二十四营兵非但没有助明，反而被努尔哈赤拉了过去，配合后金从开原以西向明军发动进攻。努尔哈赤把后金兵分为两个部分，一部分推战车、抬云梯，准备登城，一部分以精骑为主，进攻城外的明兵。八旗军队从西、北、南三面向开原城发动了进攻，又在东面组织重兵进攻城门，城上守城的明军士气低落，一战即溃。这时，后金派来的奸细又从内部响应，乘机将城门打开。不久，开原城便落到后金手中。马林等战死城外，郑之范则临阵出逃，全城10万多军民得以逃出的仅1000多人。听到开原被围的警报后，辽东总兵李如桢等率领部队前往增援，兵还没到，开原城便已被后金攻破。

后金攻开原的消息，很快传到距此百余里的铁岭。本城守将不能不前往救援，点齐3000兵马赶来，但开原城已破，而后金兵闻讯，迅速出战。明将自知不敌，掉转马头，率援军撤退。攻下开原后后金军队在开原城中大掠三日，然后将开原城纵火焚毁，最后满载"子女财帛"而归。开原城破后，驻守该城的守备等官员20余人投降后金。随后，努尔哈赤按职务的高低，他给予他们优厚的赏赐，有夫役、牛、马、羊、驼，以及金银绣缎布匹等物。攻克开原后，努尔哈赤并没有返回赫图阿拉，暂到界凡驻扎。在攻占开原一个多月后，努尔哈赤亲统大军向铁岭发动了进攻。

铁岭（今辽宁铁岭一部分），明时建制为铁岭卫指挥使司，于洪武二十六年（公元1393年）设治于此。它同开原具有相同的战略地位，为明代东北边防重镇之一。它比开原尤为繁华，到万历初年，辽东达到全盛。辽东名将李成梁祖居此地，父子五人掌辽东兵柄，城内居一卫世职的达到数百人。城大而坚，城外周长十余里，分内外城，城中皆官弁第宅，居民住外城。城内蓄养来自关内及本地妓女竟2000余人！每至傍晚，夹道皆弦管声。李成梁家族，家大业大，第宅之盛，器用之奢，无与匹敌。他在城东门外建一别墅，名曰"万花楼"，"台榭之盛，甲于一时"。难怪人们感叹：铁岭"繁华反胜内地"。

铁岭与开原相距甚近，互为依存，在军事上，一城有警，一城必援。所以，两城颇具唇亡齿寒的含义。开原一破，铁岭惊慌，辽东地区也为之惊慌。无论是官员、百姓、士兵都被后金的屠杀和抢掠所吓，惶惶不安。从开原到沈阳，约近300里，只见沿途逃兵及逃难的百姓络绎不绝，有些将官也驮载行李，躲避到民房里。铁岭城中，有子女的、家中有钱物的都转移走了，后金攻城前，只剩下守城的军人。

同年七月二十五日，努尔哈赤率领五六万人马，突然出现在铁岭城下，明军全然不觉。当明白过来，驻守城外各小堡的守军，有一半没有来得及入城，就被后金兵拦截在城外，不堪一击，四散逃跑了，留在城里的守军慌忙登城防守。后金兵先攻城北面，携战车、云梯等攻城器具，冲往城墙下。城上明军施放枪炮，投掷石块、滚木，用箭射，力图阻止后金接近城墙。但后金兵不惧生死，把云梯搭在城墙上，攀援而上，迅速攻破了垛口，随即蜂拥而入。明军又一次溃败，很快，铁岭也陷落。入城后，后金兵大肆屠杀，守城的游击喻成名、史凤鸣、李克泰诸将及士兵全被杀。李成梁先已去世，留在城里的族人还有很多，都被杀死。仅李成梁的从侄一家就有十余人遇难。至清初，人们还看到："掘地数寸，即有刀镞、甲胄、髑髅诸物，处处皆然。"

攻铁岭城前，居民大多都已撤走，只留下军人，已失斗志，本无固守之心，只抵抗了一阵子，便崩溃了。攻城的战斗一结束，努尔哈赤入城，驻于明兵备道衙门。

当天夜里，喀尔喀蒙古贝勒率万余骑兵前来铁岭援明。他们没有立即进攻，而是埋伏在近城的高粱地里。及天亮，有十余人出城牧马，将这些人追杀。后金兵闻警，急欲出战，但一时没有得到努尔哈赤的命令，不敢擅自进攻，只尾随蒙古人，密切监视。努尔哈赤得到报告，立即出城，责问诸将："为何不战？赶快进攻！"努尔哈赤很痛恨蒙古贝勒，因为他夺去了为代善所聘的叶赫女子，又与明朝勾结，联合作战，因此传令诸王，一定把他杀死！诸王得到命令，便集中兵力猛攻。蒙古贝勒率众西逃到辽河，很多士兵争渡淹死在河里，被杀的更多。蒙古贝勒为辽河所阻，逃走不成，被后金生俘，他的部将及士兵同时被俘。第二天，努尔哈赤召见，蒙古贝勒等叩拜。他的部下有人问候努尔哈赤："汗与王臣皆无恙否？"皇太极抢先回答："我军中有仆人夫役十数人破了头颅，其余都好！不知你们的鞍马都保全否？"他的意思是说，我军攻铁岭，只有十数人受了伤，问他们鞍马是否保全，是讽刺他们都做了俘虏！此言一出，蒙古贝勒等惭愧得低下了头，无言以对。努尔哈赤出于政治需要，以分化蒙古与明朝的关系，还想把他们拉到自己这边，没有杀他们，连同被俘的人，都予以释放了。蒙古贝勒自然很感激，从此同后金国和好，共同"合谋"伐明。攻取了铁岭，又顺利解决了同喀尔喀蒙古的关系问题，这是努尔哈赤的一次意外收获。但是，没有开、铁的胜利，就不会有喀尔喀蒙古的归顺。

努尔哈赤在铁岭城里，论功行赏，三天后，班师凯旋。开原、铁岭相继被攻取之后，明朝失两重镇，辽东局势危急，并且时时都有可能威胁到京师。努尔哈赤灭叶赫，女真全部统一，且又促成了与蒙古的进一步联合，至此，在东北广阔的土地上，努尔哈赤横刀跃马任驰逐。之后，努尔哈赤便加快了他向中原进军的步伐。

第三章

挥师南下，志在中原

第四章
步步为营，所向披靡

　　随着战事的进一步发展，努尔哈赤的军队逐步深入明朝境内。然而，由于当时女真也面临着蒙古和朝鲜的威胁。面对这样的形势，努尔哈赤采取了对外结盟等手段，笼络蒙古和朝鲜，消除向南进军的后顾之忧。同时，内修政治，增强实力。在做好这些准备之后，努尔哈赤又取得了沈阳大捷，并且攻取辽阳和广宁。但是，被胜利冲昏头脑的努尔哈赤却因为轻敌，在宁远大败。后积郁攻心，疽发身死。

外结蒙古，内修政治

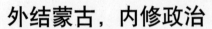

　　继努尔哈赤统一女真之后，战争序幕一一拉开。当年东北大地上，明朝、后金、漠南蒙古三足鼎立的画卷徐徐展现。而此时的努尔哈赤雄心勃勃，虎视眈眈，企图北向绥服蒙古并西进问鼎中原。作为第三方的漠南蒙古，其地理位置东南临后金，西南濒明朝，正处于两大势力中间。漠南蒙古的向背，在后金与明朝角力的天平上，颇具举足轻重之势。

　　自秦、汉以来，北方游牧民族一直是中央王朝的北部边患。为此，秦始皇削平诸侯后连接六国长城而为万里长城。至明代，京师两次遭北骑困扰，明英宗甚至成了瓦剌兵的俘虏。徐达与戚继光为固边防，也大修长城。此时的努尔哈赤深知，要想与明朝争天下，必先征服和笼络漠南蒙古，使其成为同盟军；而明朝要抵御后金夺江山，也须争取和利用漠南蒙古，让其充当前卫队。但当时漠南蒙古的各个部落，却是互不统属，竞争雄长。其中最强大的察哈尔部，首领林丹汗自恃是元室嫡裔，企图统一蒙古各部。他接受明朝每年数万两白银的岁币，受其唆使，对后金管辖的辽东地区不断发动侵扰；还凌驾于蒙古诸部之上，骄横妄为，依仗兵威，常对科尔沁等其他部落凌辱压迫。这造成了草原上多年烽烟迭起，金戈相击，战乱不止，四分五裂。

　　努尔哈赤对于林丹汗早已如鲠在喉，更担心明朝与察哈尔部真正形成强强联手。于是他决定利用漠南蒙古各部分裂割据的局面，采取团结笼络的办法，与备受察哈尔部欺凌的其他蒙古部落建立联盟关系，结为"统一战线"，以孤立、打击、并消灭林丹汗，进而将整个漠南蒙古纳入自己的势力范围。当时漠南蒙古中较强的科尔沁部，正长期遭受察哈尔部凌压，自然就成为了后金争取结盟的对象之一。为了建立与科尔沁部的亲善关系，努尔哈赤在明万历四十年（公元1612年）正月，首先向科尔沁部的明安提出，欲聘其女为妃，结为姻戚。这是努尔哈赤家族与蒙古贵族的首次通婚，开了满蒙联姻之先河。努尔哈赤用编旗、联姻、会盟、封赏、围猎、赈济、朝觐、重教等政策，加强对蒙古上层人物及部民的联系与辖治。后漠南蒙古编入八旗，成为其军政的重要支柱。其联姻不同于汉、唐的公主下嫁，而是互相婚娶，真正成为儿女亲家。这是历朝中央政权（元朝除外）对蒙古治策的重大创革。中国2000年古代社会史上的北方游牧民族难题，至清朝才算得以解决。后康熙帝说："昔秦兴土石之工，修筑长城。我朝施恩于喀尔喀，使之防备朔方，较长城更为坚固。"清朝对蒙古的抚民固边政策，其经始者就是努尔哈赤。

明万历三十六年（公元1608年）正月，当努尔哈赤发兵五千征讨海西女真的乌拉部时，科尔沁部的翁果岱曾率军增援乌拉部，以图趁火打劫。因见后金军容严整、兵势浩大，自知并非敌手，未敢交战而悄悄撤还。努尔哈赤实行的慑之以兵，怀之以德，恩威并施政策，终于使科尔沁部汲取了教训，逐渐走上了与后金结盟，共同抗击林丹汗的道路。终在后金天命十一年（公元1626年）六月盟誓。

不仅如此，努尔哈赤还试图削弱朝鲜与明朝的关系，突破南边的包围圈。在萨尔浒之战中，朝鲜国王曾遵明朝之命，派都元帅姜弘立领兵

13000余名，随明总兵刘綎，从东进攻赫图阿拉城。努尔哈赤取得萨尔浒大捷后，逼迫姜弘立率兵5000投降，将姜弘立拘于帐下，随后遣使致书朝鲜国王，列述七大恨，指责明朝欺侮建州和朝鲜，劝说朝鲜背离明朝。朝鲜国王坚持亲明尊明政策，劝告努尔哈赤罢兵和好，仍自居大明属臣之位，但努尔哈赤并未罢休，继续设法离间朝鲜与大明的关系。

与此同时，努尔哈赤积极巩固内部，增强实力。天命二年（公元1617年），后金汗颁布禁杀农奴的法令。它规定无故杀害农奴者，贝子以上罚"诸申十户"，贝子以下"则戮其身"。这是一项很严酷的法令，它旨在从法律上保护农奴的身份，确认奴隶与农奴的本质区别：奴隶被奴隶主完全占有，甚至可以是被当做牲畜来买卖屠杀；农奴则是不完全占有，虽然可以买卖，但不能屠杀。努尔哈赤这道禁止杀害农奴的"汗谕"，对于保护社会劳动力，改革旧的生产关系，有重要的意义。天命四年（公元1619年）六月，为便于用兵打仗，努尔哈赤在界凡筑"行宫"以及八旗贝勒、大臣、兵士的居住点，迎接各位贝勒福晋来此长住。

天命五年（公元1620年）三月，努尔哈赤第一次制定"论功序爵"的制度，援用明朝的官称，设立总兵官、副将、参将、游击，都分为三等，原来任固山额真的人即为总兵官，梅勒额真为副将，参将、游击为甲喇额真。从总兵官至游击，都是世袭的官职。另外，每一个牛录下面，设立有千总四员。六月四日，努尔哈赤命令在门外竖立二木，下令说："凡有下情不得上达者，可书诉词悬于木上，吾据诉词颠末，以便审问。"当月，努尔哈赤第一次派遣人丁，"往东海煮盐"。这一次煮盐，不久就运回了一二十万斤，"于国内按丁给予"，在一定程度上缓和了食盐供应极为紧张的局面。天命五年（公元1620年）九月，努尔哈赤首次提出"共治国政"的制度。九月初三日，有人告发二贝勒阿敏异母之弟斋桑古、大贝勒代善前妻之子硕托欲叛逃明国，十三日努尔哈赤与诸贝勒、大臣议定，"发兵堵截通往明国之路"，当晚将二人拘留监禁，代善、阿敏向汗奏乞，欲杀二人。二十日努尔哈赤断定斋桑古、硕讫是与其兄其父不和而出怨言，并非叛逃，下令释放。努尔哈赤随即查明代善听信后妻谗言欲杀亲子硕托一事，不禁大怒，严厉谴责代善没有资格当一国之君，并当众宣布："先前（欲使代善）袭父之国，故曾立为太子，现废除太子，将使其专主之僚友、部众尽行夺取。"二十八日，代善亲手杀死了继妻，并遣人向努尔哈赤奏请，要求"若蒙父汗不处死刑而得再生"，希望努尔哈赤允许自己叩见请罪。努尔哈赤决定宽大处理此事，于是赦免了代善之罪，并令代善与诸弟立誓缓和关系。代善对天发誓，今后"不再为非"。八和硕贝勒以及众大臣也立下誓书，指责了代善的过失。代善虽被革除太子，但仍旧统辖原有的正红、镶红二旗，仍居四大贝勒之首，佐理国政，统军出征。

努尔哈赤还宣布立阿敏台吉、莽古尔泰台吉、皇太极、德格类、岳托、济尔哈朗、阿济格阿哥、多尔衮、多铎为和硕额真，规定新汗"不得恣意横行"，不能出于一己私怨而贬革勤理政务的和硕额真。如果某一和硕额真犯有扰乱政务的罪行，则由另外七旗和硕额真集议裁处，该罚则罚，该杀则诛。这使后金统治阶级的内部矛盾，有了较大程度的缓和。

后金天命六年（公元1621年）闰二月十六日，针对阿哈遭受奴隶主虐待而反抗逃亡的情况，努尔哈赤下达"汗谕"，劝诫家主"宜怜阿哈"，"阿哈应爱主"，"双方应该相互慈爱"，这在一定程度上缓和了奴隶主与奴隶之间尖锐的矛盾，巩固和维护了在后金国中占主导地位的奴隶制生产关系。

努尔哈赤采取的外结蒙朝，内修政治的一系列举措，为日后后金攻打沈阳、取得辽阳的战役做好了充足的准备。

诱围之计，沈阳大捷

在萨尔浒大捷后，五个月里努尔哈赤又相继攻下了开原、铁岭，又灭了叶赫。明廷惊恐万分，对辽东局势抱以悲观的态度。大多数官员都认为不可收拾，熊廷弼却上书让自己去镇守沈阳和辽阳。明廷在这个严峻的时刻，终于答应了熊廷弼的请求，让他代替杨镐，接任辽东经略。

熊廷弼虽然是文官出身，但文武双全，胆识过人，勇武有谋，有很高的军事才能，并且弓马娴熟，是一代将才。七月，熊廷弼离开北京，以兵部右侍郎、右佥都御史的身份统领辽东的军政事务。当时开原已失，熊廷弼刚到山海关，铁岭失守的消息又传了过来。他身肩重任，慷慨赴险，很快来到了沈阳。熊廷弼接任辽东经略后，面对的现状是士气低落，缺兵少将，"人人要逃"，且武器匮乏，粮饷不足。基于这一情况，熊廷弼认为新败之余不宜对后金采取攻势，而应积蓄力量，专心防守，等元气恢复之后再徐图反攻。基于这一认识，他采取"坚守渐逼"之策，招集流亡的军民，安定人心，申饬纪律，整顿防务。随后，熊廷弼在军事部署、工事防御上，进行了相当完善的补救，把先前所遇到的种种问题及时地解决了。

努尔哈赤在熊廷弼任辽东经略期间，见辽东军容整肃，边防改观，便改变了全力向辽东进攻的部署，转而北吞叶赫，西抚漠南蒙古，对明朝只进行一些小规模的试探性行动，等待时机攻取辽、沈。

本来在这种形势下，明军占据了绝对优势，而这时候腐败透顶的明廷却从根本上破坏了这种有利局面。万历四十八年（公元1620年）是明廷政局较为动荡的一年。七月二十一日，明神宗驾崩，太子朱常洛继位，这便是明光宗。光宗继位后沉溺女色，希图长生，最终因误食红丸而暴卒于是年九月初一，接着继位的是明熹宗。短短一个多月时间内"梓宫两哭"，先后有三个皇帝在位，朝廷政局十分混乱。当时既无明君，又无贤相，大臣们只知道利用边乱争夺权势。因为熹宗听信了宦官的谗言，熊廷弼突然被革职罢官。明廷又派袁应泰赴沈阳代替熊廷弼为辽东经略。袁应泰这个人是纸上谈兵，虽然说得头头是道，但是实际用兵作战却不是自己所擅长的，应敌之策多有不妥。袁应泰曾经担任过知县、按察使等职，颇有政绩。他虽然颇具政治才能，但"兵事非所长"，其上任以后，对熊廷弼此前所采取的以守为攻的策略作了很大的调整。其在时机尚不成熟的情况下，便部署对后金进行反攻，致使辽东的防御体系被削弱。同时，他还轻率地接纳大批蒙古难民到沈阳和辽阳城内，从而使得很多的后金奸细也得以乘机混入。

沈阳是明朝在江东的重镇。为保卫沈阳，明军当时在沈阳城设下了坚固的防线。在城外修筑围墙，这道围墙和原来的城墙比起来向外拓展了八丈多。又在城外挖深沟一道，上盖秫秸，铺以浮土，内插尖木桩，以为陷阱，沟内侧又修有内壕，壕上放置一二十人才能抬动的大木。内壕以内再设以五丈宽，二丈许深的沟涧，涧底插以尖木。涧的内侧每隔一丈五尺有战车一辆，战车与战车之间架小炮四门，大炮两门，各个车、炮的周围还设有机动兵员作为守卫。守城将领是总兵贺世贤和尤世功，城中守军约有七八万人。

　　后金天命六年（公元1621年）春，努尔哈赤认为发动辽沈之战的时机已经成熟，于是便于三月十日，亲率诸贝勒大臣，统领八旗大军，将"板木、云梯、战车，顺浑河而下，水陆并进"，向沈阳进发。明军闻警，举烽传报。后金军十二日晨到达沈阳，在城东七里河的北岸筑造木城屯驻。沈阳城内有贺世贤、尤世功二位明朝的总兵官，各有将兵1万余人，明朝总兵官陈策、童仲揆又引领四川江浙一带的士兵1万余人从辽阳来援，守卫奉集堡的明朝总兵李秉诚、守卫武靖营的总兵朱万良和姜弼也领兵3万增援。

　　进抵沈阳城下以后，后金军队并没有急于攻城，而是采取了"诱敌出城、围而歼之"的战术。努尔哈赤先派少量士兵隔着壕沟对沈阳城进行侦察。贺世贤出身低微，以战功升至总兵。在当时他是辽东首屈一指的勇将，但是这个人有勇而少谋，且贪杯。他见努尔哈赤没来攻城，并且明军有小胜之战绩，便以为后金军没什么了不起，却不知道这是对方的诱兵之计。三月十三日，贺世贤举杯壮行，率亲丁1000余人出城对阵，发誓说："不痛杀敌军决不回城。"贺世贤统兵出城这一行为正合努尔哈赤的心意，他于是便令一小股骑兵佯败，贺世贤不知是计，便乘着得胜的势头赶了上去。忽然间后金骑兵四出，贺世贤顿时被杀得只有招架之功而无还手之力。他且战且退，当他从东门直杀到西门时，身上已中箭四处。部下劝他投往辽阳，他拒绝了，他说："身为大将不能守住城池，又有何脸面去见经略呢？"他挥动铁鞭，连续杀敌数十名，最后因多处中箭，坠马而死。

　　与此同时，努尔哈赤指挥八旗主力向沈阳城发动总攻。八旗兵在沈阳城的东北角挖土填壕，向前推进。城上明军奋勇守御，接连发炮，但炮身却因发炮次数太多而发热变红起来，弹药一装进去就喷了出来，无法继续发炮。而此时后金军队又将壕沟填满，纷纷蜂拥过壕，向东门发起猛攻。此时，贺世贤兵败、尤世功战死的消息已经传到城中，军队因之士气低落，民心也为之不安。见明军大势已去，城中的蒙古人便砍断桥索，将吊桥放下，迎接后金军队入城。努尔哈赤又一次取得了大捷。

沈阳大捷是努尔哈赤在辽东的又一次胜利，这次大捷有着非常重要的军事意义，为之后的数次战争都奠定了重要的基础。

两战告捷，占领辽阳

当沈阳被围时，经略袁应泰、巡按张铨已经布置了各路援兵，前往沈阳对之加以增援。川、浙兵是这其中的　路，当他们走到辽、沈之间的浑河岸时，沈阳失守的消息传了过来，总兵陈策下令回师，但游击周敦吉等坚决请战。于是，这路明军后来便分成了两部：周敦吉等率川兵渡河，在桥北扎营，而总兵童仲揆与陈策等则率浙兵于桥南驻扎。得知明军前来增援后，努尔哈赤便火速发兵向正在渡河的明军发起猛扑。周敦吉等人刚刚过桥，尚未站稳脚跟，便投入了顽强的战斗之中。这支明军尽管在人数上远少于后金军队，但他们上下一心，同仇敌忾，终于将后金军队发起的三次进攻都击退了，并歼敌3000余人。最后，由于寡不敌众，在后金军队的迅猛攻击下，该部明军大部阵亡，只有为数不多的一部分退到了河南岸的浙兵营。

后金军队乘胜进击，很快就把桥南的浙兵营包围了起来。当时明靖武堡总兵朱万良、奉集堡总兵李秉诚等刚好赶到，这两部明军开始时观望不前，到后来见浙兵被围才上前与后金军队交战，结果被皇太极率兵打得狼狈逃窜。击退这两部明军后，后金军队便全力向浙兵营发动猛攻。开始时明军施放火器，重创后金军队。但不久，明军火药用罄，两军于是便开始了肉搏战，战斗进行得十分惨烈。后金军发起猛攻，明将陈策、童仲揆等先后战死，所率明军全部覆没。

此战是辽东明军抗击后金军的最悲壮、最勇敢的一次战斗。川、浙军队面对数倍于己的八旗铁骑，毫不畏惧，奋勇抗击，死而后已，这种精神确实是难能可贵。尽管他们最后还是因寡不敌众而全部阵亡，但也给对方造成了较大的伤亡。

后金天命六年（公元1621年）三月十八日，攻占沈阳后的第五天，努尔哈赤决定进军辽阳。辽阳是明朝辽东的首府，是东北政治、经济、军事和文化的中心。辽阳城坚池固，外围城壕，沿壕列火器，环城设重炮。沈阳陷落后，辽阳失去屏障，危如累卵，城中"兵不满万"，又"身无介胄，器不精利"，辽东"战将劲兵"，一半损于沈阳之战，一半在各地应援。如果金兵于十四日飞驰进击，当天即可轻取辽阳。明经略袁应泰、巡按张铨利用努尔哈赤的迟延和失误，飞速征调援军，撤虎皮驿、奉集堡兵回辽阳，5天之内，凑集了13万大军。三月十九日，后金军包围辽阳。经略袁应泰督侯世禄、李秉诚、梁仲善、姜弼、朱万良五总兵等率兵出城五里处结阵，与后金军对垒。后金兵见辽阳城池险固，兵众甚盛，不免有些怯阵。努尔哈赤声色俱厉地谕告众人说："一步退时，我已死矣。你等须先杀我，后退去"，并立即"匹马独进"。这种无所畏惧的英雄气概，对八旗官兵产生了强烈的影响，促使他们知难而进、转怯为勇。

努尔哈赤看到明军守备甚严，决定避免硬攻，力争智取。三月十九日，他先差少数人马横渡太子河，诱骗敌人，同时又派遣"细作"，混入城内，待机内应。明军果然中计。明经略袁应泰本来已和诸将议定，"畏敌多，主守"，现在看见后金兵马太少，"其骑可数"，遂"见贼少而主战"。努尔哈赤督率左右翼军发起总攻。明军从城上放箭，进行抵御，后金军奋死夺城。原先派入的"奸细"从中内应。三月二十日，后金军队在东门和小西门处向辽阳城发动了进攻。袁应泰亲自统兵冲出东门，在辽阳的东山上扎营，分三层布列火器，严阵以待。努尔哈赤指挥右翼四旗将城东的水口堵住，又命令左翼四旗将小西门的闸口挖开，从而将壕中的河水排出。当水口被堵住后，努尔哈赤命令绵甲兵推楯车向守卫东门的明军发动攻击。在八旗军队的反复冲击下，此部明军大败，袁应泰于是退入城内，与巡按张铨分守东西两门。在右翼兵向城东门发起进攻的同时，左翼四旗兵也向辽阳城的小西门发动了进攻。城上明军奋力守御，不断施放火器。八旗兵架起云梯，拼死攻城，并终于在傍晚时分登上了西城的城墙，并曾一度将两个角楼占据住。明军顽强反击，双方打得难解难分，战斗一直进行到天亮。三月二十一日，努尔哈赤对辽阳城发起了总攻，明军进行了艰苦的抵抗。傍晚，混入城内的后金奸细在城中纵火，小西门处的弹药库起火，明军的粮草辎重全都被付之一炬，城中于是大乱。后金军首先从西门攻入。见大势已去，袁应泰便在城东北镇远楼上自缢而死。而张铨则被后金军生俘，被俘后其宁死不屈，也被缢死。至此，后金军攻占辽阳。两战得捷之后，努尔哈赤又乘胜指挥军队南下，不几天的工夫，辽河以东地区"悉传檄而陷"。此战，后金军队一共占领了大小70余城堡。

四月，努尔哈赤将都城迁往辽阳。当时，贝勒大臣们都想回故都，努尔哈赤认为，要想巩固胜利成果，就必须迁都辽阳，否则大军一旦班师，辽东就肯定会被明军恢复，这样，以后还得劳师征伐。另外，辽阳地理位置优越，便于与明朝对抗，并可控制蒙古和朝鲜。努尔哈赤的话有理有据，自己又是汗王，部下接受了他的意见。第二年三月，由于旧辽阳城年代久远、不够坚固，后金又在太子河的对岸、辽阳城东8里许的地方修建新城，并称之为东京。迁都辽阳之举，表明了努尔哈赤的锐意进取之心。在此之前，后金的习惯做法一般都是在攻占某城之后，便将该城中的人口、财物抢掠一空，并将之运回后金旧都。但在攻克辽阳之后，努尔哈赤却一改以往的做法，将都城迁到了新征服的地区，与以往不同，现在的后金不仅把人口和财物，而且把土地和城市也当成了战利品。

辽、沈失陷，朝廷上下一片慌乱。情不得已，明朝只好再次起用熊廷弼，希望靠他来支撑辽西残局。熊廷弼被任命为兵部尚书兼右副都御史，驻山海关，经略辽东军务，并命王化贞为广宁巡抚，驻广宁，受经略节制。熊廷弼再次被起用，对挽救辽东局势起到了一定的作用，使得辽东有了短暂的稳定。然而，此时，颓势已显，他也无力回天。

广宁之役，不战而胜

辽沈失守之后，明廷举朝为之震动，京师为之戒严。震惊之余，人

们逐渐认识到当初撤除熊廷弼职务之举是一个大大的失策，明廷于是再次起用熊廷弼为辽东经略，将收拾辽东残局的重任又一次放在了熊廷弼的肩上。他主张以守为攻，多方协作，固守辽西，等到时机成熟时再收复辽、沈，因而提出了"三方布置策"。这一战略方针的基本内容是：以广宁为中心设重兵屯守，互为掎角，守望相助，以阻击后金主力；在天津布置水军以对辽东半岛沿岸进行骚扰；经略驻山海关，指挥全局，节制三方。当时，辽东残破，明军守且不足，进击就更不用说了，所以熊的以守为攻的策略是对的。然而他的下属王化贞却另有主张。王在升任辽东巡抚以后，提出了与熊廷弼的战略方针完全不同的构想：外借察哈尔林丹汗40万兵之助，内凭投降后金的李永芳为内应，然后由他亲统6万明军，"一举荡平"后金。这一战略构想的核心是以攻为守。因此，王化贞一面将两万明军分散布置在三岔河辽河下游，浑河、太子河、辽

故宫的乾清宫

河合流于此沿岸，一面派毛文龙率三百名士兵由三岔河入海，于六月袭取镇江（今辽宁省丹东），表现出了一种力图进攻、要打硬仗的姿态。

虽然熊廷弼的官职为兵部尚书兼都御史，并佩有尚方宝剑，是王化贞的上司。可是巡抚王化贞在明廷中有靠山，首辅叶向高与兵部尚书张鹤鸣都很支持他，因此有什么事情的话，王化贞往往不经熊就直接与明廷联系。当时，王化贞在广宁拥兵12万，而在山海关的熊廷弼其部下仅5000人，经略之名只是个虚名。这样，经略、巡抚意见不一，不但不能互相配合，反而互相指责，不时发生争执。为了解决"经抚不合"的僵局，天启二年（公元1622年），在调解无效的情况下，明熹帝委托兵部召集朝中九卿科道官员举行会议，以决定经、抚孰去孰留，而在经过一番商议后，大部分人主张去熊而留王，升王为辽东经略。

正当明廷对王、熊的去留问题争辩不休的时候，已探知明朝"经抚不和"的努尔哈赤决定挥兵渡过辽河，向广宁（今辽宁省北镇县城）发动进攻。后金天命七年（公元1622年）正月，努尔哈赤亲率后金八旗军，直扑辽西大地。尽管广宁一带驻有明的精兵，但辽西之战的战场并不在此，而在西平堡（在今辽宁省盘山县境内）。

西平堡所处地势，是辽西前沿的要塞，明军在此驻守的是副将罗一贵，所部明军为3000人。渡过辽河以后，后金军队便如入无人之地，很快就进抵西平堡城下。参将出城迎战，所部被全歼。罗一贵凭着城防设施顽固守御，对攻城的后金军队用炮火予以猛击。投降后金的李永芳派出使者，举旗来到城下，要罗一贵投降。罗毅然拒绝，并对李永芳大加责骂。后金军队遂加紧进攻，明军坚守两昼夜，打退了金军的三次进攻，杀敌数千人。激战中，罗一贵被流箭射中眼睛，无力再战。这样，在火药用尽、外援无望的情况下，他自刎而死，西平

堡由此失守。

西平堡失陷以后，广宁便受到了威胁。本来，广宁一带屯有明军的主力，可是当西平堡被围时，王化贞采纳了心腹将领孙得功的建议，将防守广宁一带的明军都撤了下来，让他们前往西平堡增援。王令孙统领广宁一带的明军，会合总兵祁秉忠统领的闾阳驿（今辽宁省北镇县南闾阳）明军和总兵刘渠统领的镇武堡（今辽宁省盘山县东北）明军，一同前往西平堡救援。这是王化贞的重大失误。进此建议的孙得功早就与后金暗自勾结。当广宁等三部明军与八旗军队相遇时，孙得功让祁秉忠、刘渠两部率先出战。两军一交锋，孙得功等便故意上前一冲，随即又退去，明军因而大乱。祁、刘二将力战不敌，先后战死。逃回广宁后，孙得功故意制造混乱，在广宁城中散布谣言，说金兵马上就会进抵广宁，对广宁发动进攻，一时城中军民一片慌乱，纷纷逃亡。王化贞此时还被蒙在鼓里，幸得参将江朝栋及时入告，王化贞才得以逃脱。当王、江等人逃到大凌河（今辽宁省凌海市东）时，正好与熊廷弼相遇。一见到熊廷弼，王化贞便哭了起来，将明军大败、孙得功投降后金、谋献广宁、自己差点回不来的情况讲给了熊廷弼听。熊廷弼听后，便将自己的5000部下交给了王化贞，令他殿后，护送溃散的10万辽西军民入关。王化贞出逃后，广宁城便为孙得功等所控制，又将银库及火药库封存起来，准备迎接后金军入城。正月二十四日，努尔哈赤领军至广宁，明游击孙得功等率士民执旗张盖奏乐叩降，迎入城中，驻巡抚衙门。平阳、西兴、锦州、大凌河、右屯卫等40余城官兵俱降。二月十七日，努尔哈赤命诸贝勒统兵留守广宁，将锦州、义州等处官民迁于河东，回归辽阳。

广宁兵败，京师大震。广宁沦陷是明朝政治糜烂的结果，但熊廷弼却成为了替罪羊。天启五年（公元1625年）八月，熊廷弼慷慨赴市，衔冤而死。明廷暴尸不葬，传首九边。明朝此举，无异于自毁长城。

后金未动一兵一卒占领了广宁，随之乘胜攻占河西40余城，所得明军粮草、军器等物资不计其数，这是继辽沈大战之后的又一次重大胜利。努尔哈赤自七大恨誓师后，4年之间，陷抚、清，败杨镐，取开、铁，夺沈、辽，占广宁，兵锋所向，频频告捷。整个辽东形势，为之一变。努尔哈赤占领广宁后，达到了40年戎马生涯的顶峰。

宁远兵败，疽发身死

努尔哈赤一生经历过许多重大战役，一直所向披靡，攻无不克。明天启二年即后金天命七年（公元1622年），努尔哈赤大败明辽东经略熊廷弼和辽东巡抚王化贞，夺取了明辽西重镇广宁（今辽宁北宁市）。熊廷弼因兵败失地而被斩，王化贞也因兵败弃城而丢官。随后明朝廷派明熹帝的老师、大学士孙承宗为辽东经略。

孙承宗出关赴任，巡察边关，整治部队，储备粮草，积极防御。他任用袁崇焕修筑宁远城，加强战备整整4年，没有大的战事。然而，由于孙承宗是东林党的领袖，与以大太监魏忠贤为首的阉党势不两立，虽然身为帝师、大学士，但在党争中也受到排挤，辞官回家，接替他驻任辽东经略的是阉党分子高第。高第上任后，采取了消极防御策略，命令山海关外的兵力全部撤到关内，但身为宁远道的袁崇焕却拒不从命。宁远（今辽宁兴城）是明军在辽西失陷广宁后最重要的军事堡垒，后金军要进攻明朝首当其冲的就是宁远城。袁崇焕率领万余兵民，独守孤城宁远。他将新从海外引进的西洋大炮安放在城上；将城外的商民、粮草搬到城内，焚毁城外房舍，坚壁清野；安排百姓巡逻放哨，运送火药，实行军民联防。他还亲自向官兵下拜，刺血宣誓，激以忠义，官兵都决心与袁崇焕同生死、共患难。袁崇焕一切布置妥当，静待敌人来攻。

明天启六年即后金天命十一年（公元1626年）正月，努尔哈赤亲率6万八旗军，号称20万大军，渡过辽河，如入无人之境，向孤城宁远猛扑而来。此时，守城者袁崇焕，曾进士出身，还从没有指挥过作战，打过仗。正月二十三日，努尔哈赤命离宁远城5里安营，横截山海之间的大路。努尔哈赤先礼后兵，放回被俘汉人捎劝降书给袁崇焕说："献城投降，高官厚赏，拒绝投降，城破身亡。"袁崇焕回答说："义当死守，岂有降理！"二十四日，努尔哈赤派兵猛力攻城，城垛上，箭像倾盆大雨一样射来；悬牌上，矢镞密集得就像刺猬。后金兵攻城不下，努尔哈赤命士兵冒死凿城挖洞。袁崇焕迅速下令动用早就准备好的大炮，向后金军的队伍猛烈发射，炮声响处，只见　团团冲天的火焰腾空而起，后金兵士死伤惨重。

努尔哈赤对这种新引进的西洋红衣大炮一无所知，不知道它的来源、特点、性能和威力。第二天又亲自督战，集中大股兵力继续攻城。袁崇焕登上城墙高处的瞭望台，沉着地监视观察着后金军的行动。直到后金军冲到逼近城墙的地方，他才命令炮手瞄准敌人密集的地方放炮，这些炮击使后金军将士受到巨大伤亡，正在后面督战的努尔哈赤也受了重伤，不得不下令迅速撤退。袁崇焕听到敌人退兵的消息，就带兵乘胜追杀，一直追赶了30里，又杀死了不少后金军，才得胜回城。

努尔哈赤一生戎马驰骋，几乎没有打过败仗。但他占领广宁后，年

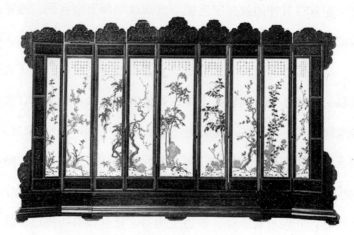

清代皇宫使用的大型座屏

事已高，体力衰弱，深居简出，怠于政事。他对宁远守将袁崇焕没有仔细研究，对宁远守城火炮也没有侦知实情，他只看到明朝经略易人等因素，未全面分析敌我，便贸然进攻，结果以矛制炮、以短击长、以劳攻逸、以动图静，导致兵败。宁远之败，是努尔哈赤起兵以来所遭遇到的最重大的挫折。

宁远战败后，努尔哈赤带领后金军满怀愤恨撤离宁远，二月九日回到沈阳。他对诸贝勒大臣说："朕自二十五岁征伐以来，战无不胜，攻无不克，独宁远一城不能下耶！"努尔哈赤此次兴兵进攻宁远，是对明战争以来第一次遭受挫败，而且损失也是前所未有的。他战败的原因除了八旗兵不善于攻坚外，主要是犯了轻敌的错误，正如后金谋臣刘学成所言："汗轻视宁远，所以天使汗劳苦"。努尔哈赤回到沈阳以后，一则由于宁远兵败，整日心情郁忿；二则因为年迈体衰，长期驰骋疆场，鞍马劳累，积劳成疾。

天命十一年（公元1626年）七月中，努尔哈赤身患毒疽，二十三日往清河汤泉疗养。八月初七，病情突然加重。十一日，乘船顺太子河而下，转入浑河时，与前来迎接的大妃相见后，行至离沈阳40里处死去，终年68岁，葬在沈阳城东，浑河北岸的石（左石右嘴）山，称之"福陵"。

史称努尔哈赤"用兵如神"，是一位优秀的军事统帅。他缔造和指挥的八旗军，在17世纪前半叶，不仅是中国一支最富有战斗力的军队，而且是世界上一支最强大的骑兵。他在军事谋略上，在指挥艺术上，集中兵力、各个击破、围城攻坚、里应外合、铁骑驰突、速战速决，体现了高超的智慧。他在军队组织、军队训练、军事指挥、军事艺术等方面的作为，都可圈可点。特别是他在作战指挥艺术上，对许多军事原则，如重视侦察、临机善断、诱敌深入、据险设伏、巧用疑兵、驱骑驰突、集中兵力、各个击破、一鼓作气、速战速决、用计行间、里应外合等，都能熟练运用并予以发挥，丰富了中华古代军事思想的宝库。

虽然努尔哈赤在晚年有过一些失误，犯过一些错误，但他仍不失为一位杰出的历史人物。他把女真社会生产力发展所造成的各部统一与社会改革的需要加以指明，把女真人对明朝专制统治者实行民族压迫的不满情绪加以集中，并担负起满足这些社会需要发起者的责任。他在将上述的社会需要、群体愿望，由可能转变为现实，由意向转化为实际的过程中，能够刚毅沉着、豁达机智、知人善任、赏罚分明，组成坚强稳定的领导群体。其时，南有明朝，西有蒙古，东有朝鲜，北有海西。努尔哈赤没有四面树敌，更没有四面出击，而是佯顺明朝，结好朝鲜，笼络蒙古，用兵海西；对海西女真各部又采取远交近攻，联大灭小，先弱后强，各个吞并的策略；进而形势坐大，黄衣称朕，挥师西进，迁鼎沈阳。他通过建立八旗和创制满文，实现历史赋予女真各部统一与社会改革的任务，并为大清帝国建立和清军入关统一中原铺下基石。

第五章

扫清障碍，子承父业

　　自古以来，在任何权力集团中，都会有争斗，身处其中的努尔哈赤也不例外。为了将权力收于己手，努尔哈赤不惜幽弟杀子。努尔哈赤虽然有16子，但是病逝之前并没有指定继承人。随后，在努尔哈赤的儿子当中，又展开了激烈的权力争斗。在大妃被生祭之后，皇太极最终胜出，继承汗位。

储位之争，幽弟杀子

努尔哈赤一生有16子，8女。爱新觉罗·褚英，长子，广略贝勒；爱新觉罗·代善，次子，和硕礼烈亲王；爱新觉罗·阿拜，三子，镇国勤敏公；爱新觉罗·汤古代，四子，镇国克法将军；爱新觉罗·莽古尔泰，五子；爱新觉罗·塔拜，六子，辅国悫厚公；爱新觉罗·阿巴泰，七子，和硕饶馀敏郡王；爱新觉罗·皇太极，八子，清太宗；爱新觉罗·巴布泰，九子，镇国恪僖公；爱新觉罗·德格类，十子；爱新觉罗·巴布海，十一子；爱新觉罗·阿济格，十二子；爱新觉罗·赖慕布，十三子，辅国介直公；爱新觉罗·多尔衮，十四子，和硕睿忠亲王；爱新觉罗·多铎，十五子，和硕豫通亲王；爱新觉罗·费扬果，十六子；长女固伦公主称东果格格，亦称东果公主；次女和硕公主称沾河格格；三女莽古济；四女和硕公主穆库什；七女乡君品级；八女和硕公主聪古伦；养孙女和硕公主巴约特格格。

努尔哈赤起兵之后，所向披靡，战无不胜，然而岁月不饶人，随着岁月的流逝，对于年近花甲的努尔哈赤来说，选立储嗣，为身后之事设计，已经是越来越急迫的事了。受汉文化影响，他一开始想按嫡长继承的原则选立储嗣。努尔哈赤为此便展开了幽弟杀子之行。

万历二十七年（公元1599年），努尔哈赤兄弟合兵出征哈达女真部。哈达兵出城搦战。舒尔哈齐用兵布阵的动作稍有迟疑，努尔哈赤则立即在全军将士的公开场合，铁青着脸，厉声斥责舒尔哈齐："带着你的兵冲上去！不要往后面退缩！"

如此，满面赧色的舒尔哈齐，只好冒着城头如雨的箭矢，不顾一切地往上仰攻。后来虽然把城攻下了，但军中的伤亡却很多。这是努尔哈赤首次在临敌的状态下，打击与自己齐名的舒尔哈齐的威信。这对于舒尔哈齐而言，已然是一种不祥的预兆了。后来的乌碣岩一战成就了褚英，却令英名一世的舒尔哈齐背上了畏敌怯战的骂名。当时，建州女真的子弟兵中约有三分之一多的将士曾归舒尔哈齐统领。

努尔哈赤没有急于立即打击舒尔哈齐，而是不动声色地提出：把舒尔哈齐平时最得力的两员大将处死。这就逼着主将舒尔哈齐厚着脸皮向努尔哈赤恳求："若杀二将，即杀我也！"

努尔哈赤提出要赦免二将的死罪也不难，前提是胞弟舒尔哈齐暂时离开军队一段时间，这就顺势削夺了舒尔哈齐的兵权。

戎马一生的舒尔哈齐被迫幽禁于家中，心情颇为郁闷不乐。有时，郁闷无可释怀之时，舒尔哈齐就会口出怨言："这样活着有什么意思，还不如早点死去。"

有人把舒尔哈齐的抱怨传到努尔哈赤的耳中。努尔哈赤心中扑哧一乐，但他赤红宽脸上所表现出来的，也不过是莞尔一笑而已。

舒尔哈齐自觉得兄长努尔哈赤在等着看自己的笑话，就想迁居到遥远的外地去，眼不见心不烦。褚英从前与叔父舒尔哈齐的感情最好。这一回，连大老粗的褚英都看出了叔父此举的孟浪。褚英就甘言劝慰舒尔哈齐：叔父此际尚是戴罪反思之身，轻举妄动必然授他人以口实，徒惹父汗生气。可舒尔哈齐还是径自携了两个儿子，移居到了一个叫黑扯木

129

第五章 扫清障碍，子承父业

的僻静地方。此举果然令努尔哈赤很是生气。他认定三弟舒尔哈齐是故意挑衅他至高无上的权威。

万历三十七年（公元1609年）三月，努尔哈赤杀掉了舒尔哈齐两个擅自移居的儿子。"尽夺赐弟贝勒之国人、僚友以及诸物"。又把对舒尔哈齐喃喃不忘的大臣乌尔坤吊在一棵大槐树下，堆积柴草在他的身边，举火烧死。

褚英，万历八年（公元1580年）生，生母佟佳氏（努尔哈赤的第一个大妃），实际上他是努尔哈赤的嫡长子。褚英打仗很勇猛，立过很多军功。万历二十六年（公元1598年），努尔哈赤命巴部将雅喇、褚英和费英东、噶盖等率领1000兵马，征讨安楚拉库（今松花江上游二道江一带）。褚英和他的叔父率领兵马日夜兼程，很快到达安褚拉库，先后攻取屯寨20余个，俘获人畜1万多，大胜回朝。由于他年少无畏，旗开得胜，因此努尔哈赤赐给他"洪巴图鲁"的封号。从此他受到努尔哈赤的喜爱，成了努尔哈赤南征北战时不可缺少的助手。

万历三十六年（公元1608年）三月，努尔哈赤令褚英和阿敏（努尔哈赤侄子）率领5000军队。去攻取乌拉部的宜罕山城，褚英等率兵大败乌拉军，杀死敌人1000有余，获得铠甲300件。这一年，褚英29岁，已经很成熟了。虽然他也有缺点，但对于这位长子，努尔哈赤还是寄予了厚望。

不久之后，努尔哈赤决定让褚英掌管政事，以锻炼其能力，提高其威信，以便在自己去世之后其能将治国的重任承担起来。褚英执政期间有很大的权力，不但裁决国事，而且还秉持政务。但好景不长，万历四十年（公元1612年），褚英遭到了努尔哈赤的斥责，同时也被收了部分牧群和属民，事实上的执政身份也失去了。关于他的罪名，是由努尔哈赤亲自举用"开国五大臣"（额亦都、费英东、扈尔汉、安费扬古、何和里）和爱如心肝的"四大贝勒"（代善、皇太极、莽古尔泰、阿敏）联合告发的，主要内容是：第一，离间五大臣，使其苦恼不堪；第二，折磨阿敏、代善、皇太极、莽古尔泰等四弟，让他们立誓效忠，而且不许上告"汗父"；第三，威胁五大臣、四弟，声称："我即位之后，要杀掉与我作对的诸位兄弟和大臣。"褚英看了努尔哈赤给他的九人各自写来的弹劾文书，对此供认不讳。努尔哈赤对他说："像你这样，我怎能让你执政？"

同年九月，努尔哈赤亲自率领第五子莽古尔泰、第八子皇太极等统兵前往征伐乌拉，褚英既没能随努尔哈赤出征，也没有被任命守城。第二年，努尔哈赤率领3万军队再征乌拉，这次褚英还是没能出征，守城的是莽古尔泰和皇太极，而不是褚英。失落之余，顿生怨怒，于是他暗中作书诅咒出征的汗父、诸弟和五大臣，"祝于天地而焚之"。而且他还对亲信说：我倒希望乌拉把建州军队打败，然后不许父亲和诸弟进城。事后褚英的亲信把褚英的这些话秘密上告，于是努尔哈赤将褚英监禁于高墙之中。万历四十三年（公元1615年），努尔哈赤将时年36岁的褚英处死。

褚英被杀之后，努尔哈赤并没有把立储的念头打消，接班的第二个人选是代善。代善是努尔哈赤的第二个儿子，与褚英都是佟佳氏所生。褚英死后，他成为了事实上的嫡长子。他曾经为建立和发展后金立下汗马功劳。在乌碣岩之战当中，他的英勇并不在褚英之下，阵斩敌方主将博克多，为建州军队的胜利立下大功，努尔哈赤赐予"古英巴图鲁"的称号。

在努尔哈赤的诸多儿子当中，代善为人宽厚，战功卓著，身为长兄，有很高的威望。因此，努尔哈赤决定让代善协理政务，并且说："等我去世之后，我的诸位幼子和大妃交给大阿哥（指代善）收养。"当时，后金上下都认为努尔哈赤去世之后，必定是代善继承汗位。

但是代善并没有摆脱褚英的命运，很快代善的太子之位也被废除了，然而贝勒的地位和性命还是保住了。努尔哈赤为什么会对代善立而又废呢？其起因主要有三件事。第一件事发生在天命五年（公元1620年）三月，努尔哈赤的小福晋代音察向努尔哈赤告发说，大福晋曾经有两次送饭给大贝勒代善，代善收下并吃了，又送饭给四贝勒皇太极，皇太极收下却没有吃；大福晋一天数次派人去大贝勒家，大约是有要事相商。努尔哈赤派扈尔汉等四大臣负责把此事调查清楚，调查的结果是：大福晋对大贝勒代善有意，当诸大臣、贝勒在大汗家里参加宴会、集议国事的时候，大福晋常常打扮得非常漂亮，并且她的眼睛老是盯着大贝勒。为此诸贝勒、大臣一直很生气，但因为对大贝勒、大福晋有惧怕之情，所以不敢向大汗告发。努尔哈赤知道这件事以后非常生气，以大妃窃藏金帛为名将她休弃。对代善努尔哈赤虽然也是耿耿于怀，但他还是以国家大局为重，克制了自己，没有使代善为难。有人认为德因泽告奸之谋是皇太极指使的。不管怎么说，大妃对大贝勒代善有意只是她单相思，代善并没有什么过分之举，这件事对代善的地位并没有太大的影响。

硕托是代善的第二个儿子。代善听信继妻的话，对硕托百般刁难，甚至以硕托与庶母（代善之妾）通奸之名诬陷他，欲置其于死地。代善被继妻迷惑，虐待硕托，使得努尔哈赤对代善非常反感。其实，代善在前两件事情上已经得罪了汗父，即使他没有错，汗父也有可能随时找他的麻烦，当他确实有错时汗父更不会放过他。努尔哈赤因他的虐子惧妻之过而把他严厉地斥责了一顿，并废除了他的太子之位，剥夺了他的所属部众，代善赶忙悔过自新，杀死继妻，向汗父请罪，如此才把他的大贝勒的地位保住。

辅佐父汗，崭露头角

在后金建立前后，皇太极是努尔哈赤的得力助手，在开创后金和治理这个国家的过程中发挥了重要的作用。与此同时，皇太极的地位也随着局势的变化而逐步提升。

万历十六年（公元1588年）九月，努尔哈赤基本削平建州各部，统一大业有了大的进展，这时他娶了叶赫那拉氏，也就是皇太极的母亲。叶赫那拉氏是女真叶赫部首领扬吉努之女。扬吉努为了与努尔哈赤结盟，把小女儿许配给他。叶赫那拉氏前来那天，努尔哈赤本人率领诸贝勒、大臣前往迎接，然后在费阿拉城里努尔哈赤的住处举行盛大宴会。当时努尔哈赤有众多妻子和儿女，地位最高的是富蔡氏。但叶赫那拉氏聪明伶俐，待人宽厚，从不干预政事，把全部精力用在侍奉努尔哈赤身上，因此最得努尔哈赤的宠爱。

万历二十年（公元1592年），叶赫那拉氏生了皇太极。皇太极（公元1592～公元1643年），清太祖努尔哈赤第八子。他的兄弟有褚英、代善、阿拜、汤古岱、莽古尔泰、塔拜、阿巴泰等人，年长的比他大10余岁，年幼的也比他只小三四岁。皇太极本人生来眉清目秀，聪明伶俐，凡接触到的事，"一听不忘，一见即识"。努尔哈赤十分疼爱这个儿子，军国事务之余，便常常与叶赫那拉氏母子共享天伦之乐。在父兄努尔哈赤、褚英、代善等奋战沙场，长年累月驰驱在外的情况下，当时只有7岁的皇太极接受父亲的命令，主持一切家政，干得很出色。举凡日常家务，钱财收支，送往迎来，大事小情，不管头绪如何繁多，事情如何细碎，皇太极都处理得井井有条。

万历三十一年（公元1603年）秋，皇太极的母亲，叶赫那拉氏突然得重病而死。努尔哈赤日夜痛哭不止，为她举行了隆重的葬礼。从此，年方12岁的皇太极在父亲的教导关怀下，迅速成长起来。满族及先世女真人素以尚武著称，皇太极从小就跟着父亲参加打猎，练得勇力过人，步射骑射，矢不虚发。皇太极当了皇帝以后，曾回忆这段生活时说："从前我们小的时候，听到第二天要出去打猎，个个欢腾雀跃，事先就调鹰蹴球，如不让去，哭着向太祖请求批准……那时仆从很少，人人各自牧马披鞍，劈柴做饭，即使这样艰苦，也乐于跟着为主效力，国家之有今日兴隆正是这种努力奋斗的结果。"在这样的环境中，皇太极受父亲思想和作风的熏陶，像努尔哈赤那样吃苦耐劳，不怕流血牺牲，意志顽强，体格健壮。沈阳曾藏有他用过的一张弓，矢长4尺余，不仅一般人不敢问津，就是一个壮士也很难拉开，而皇太极当年运用自如。

皇太极自幼就开始帮助努尔哈赤处理政务等，才能日益得到显示，并且深得努尔哈赤的器重。万历四十年（公元1612年），皇太极参加了大规模的行军作战。那年乌拉首领布占泰背信弃义，努尔哈赤大怒，发兵往讨，皇太极随军出征。九月二十二日大军起程，二十九日抵乌拉部，与乌拉兵相峙3天。努尔哈赤所部四出焚毁粮草，乌拉兵白天出城对垒，夜里入城固守。皇太极与其兄莽古尔泰急不可耐，想立即过河进攻。努尔哈赤没有采纳他们的建议，还以"砍伐大树"为例，告诫他们对于势均力敌的敌人，用兵不能急躁，而应采取逐步削弱敌人的方式。于是他们毁掉了乌拉的一些城寨，第二年乌拉被灭。这次的战争，对皇太极后来与明朝作战产生了深远的影响。

以万历十一年（公元1583年）起，努尔哈赤经过30多年的征战，势力大增，同时也考虑起继承人的问题。此时的皇太极深知努尔哈赤的心思，于是毅然向努尔哈赤揭发了褚英。皇太极忠实地维护努尔哈赤的地位和权力，坚持同褚英作斗争。他不能容忍褚英的偏执、狭隘和胆大妄为。皇太极参加了密议，冒着生命危险向努尔哈赤揭发褚英的罪行，他实际上是帮助努尔哈赤铲除了又一个政敌。当然，皇太极

皇太极

对褚英的斗争，于他自己的命运和前途也是非常有意义的。他的忠诚无疑使努尔哈赤对他更加钟爱和信任。这从后金建立以后，皇太极地位上升和作用增大就可以得到证明。

万历四十一年（公元1613年）皇太极进一步得到了努尔哈赤的信赖。万历四十三年（公元1615年），军政合一的八旗建制确立后，皇太极被任命为管正白旗的贝勒。万历四十四年（公元1616年）元旦，群臣为努尔哈赤举行了庄严隆重的上尊号仪式。此前，皇太极等诸贝勒、大臣们开会议论并一致赞成说：我国没有汗时，忧苦极多，蒙天保佑，为

使人民安生乐业，给降下一位汗，我们应给抚育贫苦人民、恩养贤能、应天而生的汗奉上尊号。当天，他们为努尔哈赤上尊号"覆育列国英明汗"，建国称金，也叫大金或后金，年号天命。从此在东北大地诞生了一个和明朝对立的国家政权。

后金建立伊始，皇太极就开始在努尔哈赤身边参与重大决策，他被称为和硕贝勒，是八旗的旗主之一，同其他的和硕贝勒，"共议国政，各置官属"。努尔哈赤共有子侄数十人，天命之初为首的和硕贝勒共有四人，依年龄次序为：大贝勒代善、二贝勒阿敏、三贝勒莽古尔泰、四贝勒皇太极，统称为四大贝勒。在四大贝勒中，皇太极虽然位在最末，而在同辈兄弟中已经是出类拔萃的了。皇太极在努尔哈赤众子中，按年龄排在第八。四大贝勒中的代善、莽古尔泰是他的亲兄弟，都比他年长，阿敏是舒尔哈奇之子，他的叔伯兄弟，也比他年长。褚英是努尔哈赤第一子，又有军功，必然排在他之前。褚英的垮台，是皇太极地位的一次上升。皇太极还盖过阿拜、汤古代、塔拜、阿巴泰等年长的诸兄弟，主要是他能征善战，治国有方，得到努尔哈赤的器重。在政治上，四大贝勒并不完全以排列先后表示作用大小。皇太极排在最末，不是说明他的作用比不上另外三大贝勒。天命六年（公元1621年）二月，努尔哈赤"命四大贝勒按月分值，国中一切机务，俱令值月贝勒掌理"。这说明他们的地位和权力是同等的。

天命时期是努尔哈赤南面独尊的年代。他在军事、政治、经济及文化等方面，以杰出的才能，取得了巨大的成就，开创并巩固了后金政权，为有清一代奠定了大业的根基。同时，皇太极作为努尔哈赤的得力助手，在通往权力顶峰的道路上，也是大踏步前进的年代。他"赞襄大业"，素孚众望，既不肯久居人下，也不甘心与同辈平起平坐。他深知四大贝勒中，他最有希望成为努尔哈赤的继承人。阿敏的父亲有罪而死，本人也有牵连，主要是他非努尔哈赤亲子，谈不到继承问题。莽古尔泰是努尔哈赤继妃所生，因为是庶出，没有太大希望。四大贝勒中只有代善与皇太极争衡的条件相当。而代善主要是年长，功多，论能力则很平庸，还不断犯错误，在努尔哈赤那里也不能得到欢心。皇太极是努尔哈赤绝对信任的。皇太极的一名大臣叫伊拉喀，他对皇太极从不尽心竭力，还诉苦说："四贝勒无故的不抚养我，想回到抚养我的汗那里去。"努尔哈赤与诸贝勒、大臣议论："这个伊拉喀原来在我处，跟我在一起时没有为我出力，养之无益，使我怀恨，增加许多烦恼。我宽大为怀，不思旧恶，任他为大臣，给了我的儿子。伊拉喀既不尽力，又控诉四贝勒无故不养，岂不是在我父子间进行挑拨？"于是当即下令杀了伊拉喀。这个伊拉喀的被杀是努尔哈赤的决定，这说明皇太极是得到他父亲的充分信任和大力维护的。

天命三年（公元1618年），努尔哈赤下定决心要对明朝发动进攻，但是具体怎样行动，却议而未决。在欢庆努尔哈赤60大寿的宴席中，皇太极献上一计。他说，抚顺是我们出入之处，必先取得它。听说四月八日至二十五日，守城游击李永芳要大开马市。这时边备一定松弛，机会难得。我们可以先派50人扮作马商，分成五伙，驱赶马匹，入城为市。接着我即率5000兵夜行至城下，向里发炮，内外夹击，抚顺可得，他处不战自下。努尔哈赤欣然接受他的建议。四月十三日以七大恨誓师征明，结果大获胜利，成功攻占抚顺。在接下来的萨尔浒之战中，皇太极凭借着智勇一连数胜。可以说，皇太极为赢得此战的胜利立下了汗马功劳。

天命六年（公元1621年），努尔哈赤发动了辽沈大战，皇太极是这次大战的策划者之一和冲锋陷阵的前线指挥官。三月初十，后金倾国出兵，十二日兵临沈阳城下，明总兵贺世贤出城抵御被战败，十三日后金占领沈阳。明援辽总兵童仲揆、陈策及周敦吉等继与后金兵大战浑河。皇太极奋勇参战。后金的将领雅松遥望明兵，胆怯而退，皇太极却毫无畏惧冲上去，打败明军，并追杀至白塔铺（今沈阳市南郊），然后与明奉集堡守将李秉诚、朱万良、姜弼接战。皇太极以百余骑击败明朝三总兵。第二天，努尔哈赤斥责雅松说："我的儿子皇太极，父兄依赖如眸子，因你之败，不得不杀入敌营，万一遭到不幸。你的罪何止千刀万剐！"怒斥之后，将其削职。

后金兵攻下沈阳城后5天，努尔哈赤又统大军攻向辽阳。皇太极率后金右翼四旗兵冲锋在前，在左翼四旗兵配合下，于辽阳城外打败明军，直追至鞍山界方返回。二十一日，经过城外城内的反复激战，后金攻取了辽阳，明朝守城的经略袁应泰自焚，巡按御史张铨被活捉。李永芳去劝降，被他大骂一顿。皇太极对这位大明忠臣十分敬仰，引证古代历史，劝张铨说："过去宋朝徽、钦二宗，为以前的大金天会皇帝所擒，尚且屈膝叩见，受封公侯，我想使你活下去，特地说说此事以提醒你，为何还执迷不悟，不肯屈服？"张铨不肯低头，最终被努尔哈赤派人勒死。从这件事情上，反映出皇太极不单是后金英勇善战的一员骁将，而且已经是比较成熟的政治家了。辽沈大战的胜利，影响很大，辽河以东70余城也因之相继而下，连同以前所得，后金已经把东北的绝大部分地区纳入了它的统治范围。后金与明朝对峙，分地而治。

之后，努尔哈赤决定迁都沈阳，但遭到诸贝勒大臣反对。他们都认为，近来正在修建东京辽阳，宫室已经建好了，老百姓的住所还没有最后完工。本来年景就不好，迁都要大兴土木、劳民伤财。努尔哈赤力主迁都沈阳，说：沈阳形胜之地，西征明，由此渡辽河，路直且近；北征蒙古，二三日可至；南征朝鲜，可由清河路以进；且于浑河、苏克苏浒河之上流，伐木顺流下，以之治宫室、为薪，不可胜用也；时而出猎，山近兽多；河中水族，亦可捕而取之。朕筹此熟矣，汝等宁不计及耶！努尔哈赤综合考量了历史与地理、社会与自然、政治与军事、民族与物产、形胜与交通等因素，而做出迁都沈阳的重大决策。从此，沈阳第一次成为都城。

后来，经努尔哈赤、皇太极父子的大力发展，沈阳及辽河地区的经济与社会得到全面开发与迅速发展，并带动了东北地域经济与文化的发展。近代辽河流域、沈海地带的区域经济开发，清太祖努尔哈赤是其经始者。后来皇太极就以辽沈为中心，统一了全东北及蒙古的一部分地区。

皇太极在天命时期的助手作用发挥得极其成功，他协助努尔哈赤巩固和发展了后金，维护了努尔哈赤的集权统治。在这个过程中，他也为自己以后继承努尔哈赤开创的大业一点一点铺平了道路。

生祭大妃，扫清障碍

天命十一年（公元1626年）八月十一日，努尔哈赤因病逝世，终年68岁。努尔哈赤去世了，汗位的继承问题立即成为后金政局的焦点，也摆在了皇太极和他诸兄弟的面前。可是，努尔哈赤死前并没有留下遗言，更没有指定谁来继承汗位。于是，在接下来的时间里，一场血腥的宫廷皇权之争开始了。

其实，对于继承人，努尔哈赤生前曾指定八旗的四大贝勒、四小贝勒为继承人选。但是后来，褚英被处死，代善失宠；阿敏为舒尔哈齐之子，不是努尔哈赤的直系，入选的可能性很小；莽古尔泰性情粗野，因为曾惹过一些事端，在八旗贵族中产生了极坏的影响，因此人们自然也不会拥立他为汗。四小贝勒中只有阿济格崭露头角，而多尔衮当时才15岁，多铎只有13岁，都还没有成年，在政治上还不可能独立。但阿济格、多尔衮、多铎三兄弟的生母，是努尔哈赤继立的大妃乌拉那拉氏，这母子四人在八旗贵族中是不可忽视的一股势力。这样一来，汗位竞争者就剩下了代善、皇太极和那拉氏诸子。

在努尔哈赤去世的这段时间里，后金政权已经开始动荡，诸王、大臣甚至后金的士兵们无不为后金当下的命运而感到担心。两股暗藏的力量终于开始显露，诸贝勒大都推举皇太极为汗位继承人，而大妃乌拉那拉氏则认为多尔衮是汗位继承人的最佳人选。

同年秋天，沈阳城里的气氛显得非常紧张。小至街头巷尾，大至官府宫廷，人们都在议论权衡这两股力量。有的认为皇太极最可能争得汗位；有的则认为多尔衮的母亲位高权重，在势力上足可以压倒诸王，多尔衮继汗是迟早的事。诸贝勒此时也已经秘密地聚集在了一起，商讨汗位争夺之策。暗室里烛光跳动，五位贝勒端坐在椅子上已经好一会儿了，沉闷的气息压得他们有些喘不过气来。暗室里封闭得确实很严实，但这些只是外在上的，他们内心的压抑感更重。一阵沉默后，阿敏首先打破了沉默，从椅子上站了起来，缓慢地说："我自认为自己没有继承汗位的可能。但是，推举汗位我是有权的，大家都在自己心里权衡一下，也就是说，除了我以外，还有三位拥有继承汗位的权力。"

莽古尔泰直接说："皇兄说话总是绕弯子，都到了这个节骨眼上了，最好还是直接点明好些。代善、皇太极两位皇兄我看都适合。"代善却摆手说："我都一把年纪了，精力有限，我看还是皇太极最合适。"皇太极刚想站起来推辞，其余四人几乎同时摆手制止了他的发言，莽古尔泰说道："既然都认为皇太极最为合适，那么咱们且把这个问题放一放吧。关键是下面这个问题，大妃扬言要推举多尔衮继承汗位，大家也都曾有耳闻吧，今天我们之所以聚集在这里，一来是想推举出一个继承汗位的合适人选，二来是想个办法阻止大妃的行为。"

大妃，名叫阿巴亥，或习惯叫乌拉那拉氏，她是乌拉部首领满泰的女儿。她12岁那年，即明万历二十九年（公元1601年）十一月，叔父布占泰把她送给努尔哈赤为妃。她年轻貌美，很受努尔哈赤的宠爱，先后生了阿济格、多尔衮、多铎三个儿子。在皇太极的生母叶赫那拉氏死后被立为大妃（即皇后）。她心地不纯善，怀有嫉妒，常使努尔哈赤不高兴。她处事很机灵，头脑聪明，都被努尔哈赤觉察，及时加以制止。努尔哈赤于途中病危时，曾召大妃前来迎接。他们两人说了什么，特别是努尔哈赤有何遗言，史书都没有留下任何记载。

商议中，代善说："父汗刚刚去世，我们却要这般暗斗下去，不知父汗在天之灵知道后，会不会怪罪我们。"阿敏说："这些先都撇到一边去吧，人已故，活着的人仍要继续活下去。我这里倒有个办法，虽然有些牵强，但似乎也只有这个办法可行了。"众贝勒一齐问："什么办法？"

阿敏说："我们满族自古就有殉葬习俗，一般情况下丈夫死后，妻

第五章 扫清障碍，子承父业

妾有为夫殉葬的。但并非所有家庭都是如此，而且多是小妾随夫殉葬，正妻、福晋殉葬并不多见。但是从父汗的地位来讲，殉葬的人选地位也应该提升，当然我说的提升是站在咱们这个角度去考虑的。我们可以说是父汗的'遗命'，让大妃殉葬！这样一来，我们所面临的问题也就迎刃而解了。"

众人闻言都惊呆了，静下心来考虑觉得这个办法也合乎情理，也是当前唯一可行的办法。密室商讨最终达成了两个协议：一、力举皇太极为汗；二、以父汗的"遗命"逼迫大妃殉葬。很快诸贝勒草拟了一份先帝的"遗诏"，为了不让大妃起疑心，代善派人秘密盗出了努尔哈赤生前用过的玉玺，又请了一名善于模仿笔迹的书写高手，代笔伪造"遗诏"。

然而，此时的大妃阿巴亥对"遗诏"的事情依旧浑然不知。为了能使更多的人拥护多尔衮继承汗位，大妃开始拉拢诸王和大臣，巧妙地避开了持反对意见的诸贝勒。事情进展得很顺利，她派人给不少在朝中持重权的人送去了大量珠宝，又亲自召见密谈。大妃在心里已经有了七成把握，努尔哈赤在世时十分偏爱多尔衮、多铎，并且给了他们正白、镶白两旗的统治权。从这点上来看，旁人也不会看不到，他们应该能猜测出努尔哈赤的用意。如果权衡立场，还是应站在大妃这一边为上策。

"遗诏"伪造好了，阿敏把先帝的玉玺按在了"遗诏"上，为了怕再遗漏些什么，他又拿出了先前的诏书做了一番比较，直到确认没有一丝瑕疵后，才满意地把"遗诏"收了起来，又把先帝的玉玺放了回去。这些看起来多此一举的做法，是非常有必要的。因为大妃这个人心机颇深，任何微小的漏洞都瞒不过她的眼睛。而这次的成败也在此一举，败则全盘皆输，胜则万事大吉。离先帝出殡入葬还有不到两天的时间，沈阳城内已经发布了消息，不准挂红，不准娶嫁，不准穿红色的衣服，不准祝寿等大摆宴席，全民必须穿白戴孝。这是一条严令，同时也意味着，在时间上已经不能再耽搁下去了。诸贝勒又秘密商量了一番，认为时机已经成熟，便马上开始行动。

这一天，大妃正在床榻上休息，这个时候多尔衮刚刚从房间里出去，她告诉多尔衮，他将来肯定会有一番作为。这句颇含深机的话，多尔衮并没有听明白，多尔衮只是重重地点了点头，请了个安就退出了房间。突然，杂乱的脚步声响彻后宫，大妃刚刚睡着，似乎还做了一个梦，梦里她看见了先帝，但还没行礼，杂乱的脚步声便把她吵醒了。她皱了皱眉头，心想，后宫除了自己，还有谁敢这么放肆，扰了我的梦。她起身朝门外走去，想看看是谁。来的是阿敏贝勒，还有代善，还有两个自己不认识的人。他们径直朝自己的房间里走过来，神色举止之间透着一股严峻。

"有什么着急的事么？这般无礼，后宫的清静全都被你们给扰了。"大妃皱着眉头说。阿敏躬身施礼说："今日前来，确实有要紧事要办。"说着，他把袖子里的"遗诏"掏了出来。大妃有些惊讶地看了一眼"遗诏"说："你拿的是什么，诏书么？先帝刚去世，谁敢擅自动这个？！"

以长子代善为首，皇太极诸兄弟都坚决执行父亲的遗愿，把父亲死前留下的遗言向大妃宣布。代善这时说道："福晋，我们也不瞒你了。阿敏贝勒手里拿得正是先帝下的遗诏，是收拾先帝书房的时候在一排书的后面发现的。看了遗诏，以后，我们大家心里都很惊讶。我想大妃看到以后，惊讶的程度可能并不亚于我们吧。"代善说完，阿敏已经伸手把"遗诏"递给了大妃。大妃慢慢展开"遗诏",眼睛上下移动着,她的脸逐渐变了颜色,当看到殉葬和先帝的玉玺的时候,她站不住了,身体侧倒在一边,震惊得说不出话来。

阿敏正色说:"福晋的心情我们都能理解,遗诏不可能是假的,笔迹和玉玺都是经过先帝之手的。遗诏假不了,内容假不了,福晋还是赶快领旨谢恩吧。"大妃没再说话,她知道现在说什么也都没用了。她识得先帝的笔迹,这份"遗诏"玉玺是真的,笔迹却是假的,虽然模仿先帝笔迹的人很高明,但还是没有逃过她的眼睛。然而,这一切已经无济于事。

然而,她才37岁,正值盛年,根本就没有想到过死。她的幼子多尔衮、多铎才十几岁,他们需要母亲扶养,而她也不愿离开他们。所以,她向诸王贝勒表示不愿死,又不敢明着反对努尔哈赤的遗言,说话支支吾吾,吞吞吐吐。但代善、皇太极等诸兄弟坚决执行父亲的遗言,坚持请大妃从死。大妃被逼无奈,'起身至内室,穿上盛装礼服,戴上金玉、珠翠、珍宝等装饰品,出来面见他们,不禁痛哭流涕,边哭边说:"我12岁侍奉先帝(努尔哈赤),丰衣美食,至今26年,怎能忍心离开他?但我的两个幼子多尔衮、多铎,还请你们施恩抚养,我也就没有牵挂了。"代善、皇太极诸兄弟表示一定照办,不会辜负母后的嘱托。乌拉那拉喇氏死后,多尔衮与多铎年幼,无力争夺汗位。

代善失势、多尔衮失母,皇太极在大位争夺中处于有利地位。新汗的推举议商,在庙堂之外进行。大贝勒代善的儿子贝勒、萨哈廉到其父代善的住所,说:"四大贝勒(皇太极)才德冠世,深得先帝之心,众皆悦服,当速继大位。"代善说:"是吾心也!"于是父子议定。第二天,诸王、贝勒聚于朝。代善将他们的意见告诉二贝勒阿敏、三贝勒莽古尔泰及诸贝勒。没有争议，取得共识。

　　然而，大妃是被逼而死，这是没有疑问的。努尔哈赤死前是否留下这个"遗诏"，还很难确定。但逼她死，是有政治背景的，也就是与汗位的继承紧紧地联系在一起。皇太极对这一事件起了主要作用。他也领有一旗的实力，权势重，最有条件继汗位。但大妃的三个儿子各领一旗，如受大妃操纵，皇太极就难以取得汗位。大妃一死，最大的障碍扫除，就不再有人敢同皇太极抗衡了。汗位的继承权已经牢牢地握在了皇太极的手中。在乌拉那拉氏殉葬的第二天，选择汗位继承人的活动就开始了。

深谙谋略，初登汗位

　　后金天命六年（公元1621年），皇太极遭到了努尔哈赤的斥责，说他目无诸兄，不能互敬宽庇，指责济尔哈朗（阿敏弟）、德格类（莽古尔泰弟）、岳托（代善长子）亲近于皇太极。努力尝试了两次选立继承人都失败以后，经过思考，努尔哈赤决定在他去世以后并不沿用一国主独尊的旧制，而采取八和硕贝勒共治国政的制度，以便使政局稳定和权力平衡得以维持。

　　天命七年（公元1622年）七月以后，八和硕贝勒的权力较之以前又得到了进一步扩大，而这时努尔哈赤已是一个64岁的老人了，为准备自己的后事，他开始逐渐将权力下放，进行权力过渡。天命十一年（公元

1626年）八月十一日，68岁的努尔哈赤离开了人世，八和硕贝勒共治国政的阶段正式出现。朝鲜史籍《鲁庵文集》记载："老汗临死曰：洪佗始能成吾志。终无所命而死。"老汗就是指努尔哈赤，洪佗始就是指皇太极，从这样的记载中可以看到，皇太极得汗位，是符合努尔哈赤临终遗命的。

皇太极在巧妙地除掉自己的政治对手之后，于天命十一年（公元1626年）九月，龙装上场，继承汗位。当时三大贝勒代善、阿敏、莽古尔泰及众贝勒、文武大臣聚会于朝，由皇太极领他们焚香告天，行九拜礼毕，皇太极即汗位，转过身来，诸贝勒大臣向皇太极行朝贺礼。这位后金国汗，改第二年南天聪元年，皇太极因此也被称为天聪汗。

皇太极根据八和硕贝勒共治国政的精神与代善等贝勒对天盟誓。此后皇太极凭其卓越的才能，使得自己的权力和威望不断得到加强，囚禁了阿敏，打击了代善、莽古尔泰。到天聪六年（公元1632年）时，他又将与大贝勒共坐的朝仪取消，自己南面独尊。至此，八和硕贝勒共治国政的制度已是名存实亡。天聪十年（公元1636年），皇太极又被拥戴为皇帝。至此，八和硕贝勒共治国政的制度便完全退出了后金的历史舞台。

皇太极运用谋略登上大位，是他长期学习、历练的结果。

首先，皇太极跟随父汗，学习才智。皇太极自幼"聪颖过人"，史书说他"一听不忘，一见即识"。他在少年时，便被父亲"委以一切家政，不烦指示，既能赞理，巨细悉当"。20岁走上疆场，亲临战阵，历练兵略。

其次，皇太极潜心典籍，熟谙韬略。皇太极注重学习汉文化，官员在奏疏中称他"喜阅三国志传"、"深明三国志传"等，说明他胸怀大志，腹藏玄机。

再次，兄弟争位，明拉暗打。他对待长兄代善，使用"离间之计"，挑拨汗父同兄长的关系。

最后，费尽心机夺取汗位。皇太极在大位争夺中，长期而巧妙地运用了谋略。努尔哈赤死后，皇太极伙同几个贝勒说先汗有遗言，让大妃阿巴亥殉葬。阿巴亥死后，多尔衮、多铎年幼，失去依靠，没有力量同皇太极争夺大位。

皇太极从舒尔哈齐死到继位，中间经过长达15年，他用尽心智谋略，终于登上大位。他继承汗位后，励精图治，进行改革。历史中，每一次皇权的更替，都是一场权力与智谋的角逐。技高一筹的才能最终胜出，君临天下。皇太极能够在这场争斗中胜出，跟他的谋略是分不开的。

第六章
革故鼎新，抚国安民

　　皇太极即位之后，民族矛盾日益尖锐，经济面临崩溃，在军事上也接连失利，不仅如此，武装暴动更是对后金在辽东的统治产生重大的威胁。面对这种严峻的形势，皇太极积极采取措施，消除危机。通过天聪新政，调和满汉，笼络蒙古，初定官制等革故鼎新，抚国安民的措施之后，国内国外的形势都有所好转，为后来的进一步扩张打下了坚实的基础。

天聪新政，消除危机

皇太极在位期间可分为两个阶段，前一阶段称天聪时期，后一阶段称崇德时期。其中天聪时期开始于明天启七年（公元1627年），即天聪元年，结束于明崇祯九年（公元1636年）四月，即天聪十年四月。

皇太极即汗位之初，面临许多重大的问题：阶级矛盾尤其是民族矛盾相当尖锐；经济面临崩溃；军事上接连失利，使整个局势充满危机；更为严重的是，武装暴动震撼着后金在辽东的统治。

皇太极即位才半年，第二年春就遇到了大荒年，"国中大饥"，粮食奇缺，物价飞涨，社会秩序混乱，盗窃盛行，牛马成了盗窃的主要对象，凶杀、抢劫到处发生。皇太极叹息说："民将饿死，是以为盗耳。"可以说，经济已到了破产的地步。不仅如此，由于后金的大屠杀政策，使得辽东的经济情况接近崩溃边缘，当时辽东市场上米价昂贵如金，甚至有的地方还出现了"人相食"的惨象。再次，皇太极初登大位，诸贝勒对他并不是完全地心悦诚服，加之他与另外三大贝勒的关系并未最后定型。因此，怎样确立自己的地位，提高自己的权势与威望。当时的后金东有朝鲜，朝鲜与明朝的关系十分密切，尽管在萨尔浒之战后努尔哈赤多次对朝鲜进行恐吓和拉拢，但朝鲜始终都站在明廷一边，并给毛文龙所部明军提供粮食和基地，对从辽东出逃出来的难民也大多来之不拒，起到了帮助明朝牵制后金的作用。后金最主要的对手当然要数南面的明朝。尽管从与明开战之后，辽东的大部分地区都被后金攻占，但明朝倾全国之力以守一隅之地，实力仍不可小觑。

天启六年（公元1626年），袁崇焕誓死守卫宁远，努尔哈赤的13万大军都为其所败，此战后金的锐气受到了很大挫伤，此后的十多年里，以宁远、锦州为中心的锦宁防线成了阻止后金南下的铜墙铁壁。况且当时明廷上下无不力图收复辽东，甚至消灭后金。而当时位于后金西南部的蒙古也是后金的一大威胁，蒙古当时各部虽已分裂，没有了往日的雄风，但对后金来说，其向背仍至关重要。蒙古与后金的矛盾在后金攻占广宁以后，尤其是皇太极继位以后变得更加尖锐了。喀尔喀诸部虽然曾于万历四十七年后金天命四年（1619年）与后金会盟，但在这时他们却背盟接受明朝的赏金，多次向后金发动袭击，掠夺后金的财物和牲畜。察哈尔林丹汗向来与后金不和，并不断接受明廷的赏金，为了壮大自己的实力，他还挥兵西向，力图将蒙古各部统一。在蒙古诸部中对后金压力最大的就要数察哈尔了。

面对这样危机四伏的境况，为了解决内部危机，皇太极主要从两个方面着手：

第一，抚汉联蒙。

皇太极知道，汉官汉民备受虐待是祸乱之源，因此对努尔哈赤歧视汉人、压迫汉人、杀害汉人的措施适时做出调整，提出"治国之要，莫先安民"。皇太极宣布：凡国内汉官汉民即使从前想逃跑的及"奸细"往来的，事属已往，不再追究，结果"逃者皆止，奸细绝迹"。他强调"满、汉之人，均属一体，凡审拟罪犯、差徭公务，毋致异同"，"满洲、蒙古、汉人视同一体"，"譬诸五味，调剂贵得其宜。若满洲庇护满洲，蒙古庇护蒙古，汉官庇护汉人，是犹成苦酸辛之不得其和。"他采取具体步骤，从多方面来改善汉人的政治、经济状况，调和满、汉之间的矛盾。皇太极优待汉官，笼络汉族士人，说"士为秀民，士心得，则民心得矣"，下令对汉儒实行两次考试，选拔秀才，发挥他们作用，起用一部分人到文馆中工作。皇太极这样调整政策的结果，"民心大悦，仁声远播"。这些调整政策，顺应民心，得到了汉族人民的认同。

同时，皇太极十分重视学习汉族文化。他认为明罗贯中所著《三国演义》含有丰富的战略、战术思想，对于指挥打仗很有借鉴作用。他命令翻译这部书为满文，使之培育了一代又一代满族将领。与对待汉族不一样的是，皇太极主要着力于笼络蒙古贵族，与他们进行联姻，以达到合作结盟的政治目的。

在农业生产方面，皇太极采取了一些列有成效的措施：停止妨碍农业生产的建筑工程，禁止屠杀牲畜，禁止满人擅取汉人财物，禁止放鹰，实行"三丁抽一"政策：一家三丁，一人出去打仗，两人留下从事生产，以保证劳力。这些措施，发展了农业生产，使后金经济有了很大发展。

第二，巩固政权。

皇太极继汗位时，是和代善、阿敏、莽古尔泰三大贝勒按月分值，轮流执政的。这三位贝勒对皇太极处处施以掣肘，在这样的情况下，皇太极虽然名义上是大汗，"实无异于整黄旗一贝勒也"。这种群龙无首的状况是非常不利的，而且以皇太极的个性，他也是不会容忍这一局面继续下去的。一场围绕权力进行的争夺是必然会发生在大汗与诸贝勒之间的。天命十一年（公元1626年），一项决议被皇太极与诸贝勒通过，即每旗设总管旗务大臣一名，该大臣直接掌管旗务，他们可以与旗主贝勒一道参与国政。不久，他又让所有贝勒都参加议政会议，并让每旗增派三人议政。这样，就在一定意义上使得各旗主贝勒的权力和势力受到分散和牵制。而在对八旗大臣重新进行任命的同时，皇太极又将自己在继汗位之前所领的正白旗改为正黄旗，镶白旗改为镶黄旗，而阿济格、多尔衮、多铎三人直接从努尔哈赤手里继承下来的镶黄旗则被改为正白旗，正黄旗则被改为镶白旗。到这时，皇太极便和努尔哈赤一样，也直接拥有两黄旗了，后金国的大汗再度与两黄旗旗主合二为一。

天聪三年（公元1629年）正月，皇太极与三大贝勒议定，对四大贝勒按月分掌政事的惯例予以取消，将值月之事改由诸弟侄贝勒代理。这一决定的做出名义上是怕代善、阿敏、莽古尔泰三大贝勒操劳过度，实际上是皇太极借此来削弱他们的权力。四月，皇太极又命文馆文臣分为两班，一班专门翻译汉文书籍，以便对历朝的治国经验加以借鉴，另一班对本朝政事加以记注，以利对政治得失加以总结。文馆是清后来内阁的雏形，在当时实际上是汗的辅政班子。天聪四年（公元1630年），二贝勒阿敏齐守滦州、迁安、永平、遵化四城，败回沈阳，皇太极借此机会大做文章。他与诸贝勒集议，定阿敏十六大罪状，将其所属人民、奴隶和财产尽数剥夺，并将其本人幽禁。从此，这位专横跋扈、实力雄厚的二贝勒就再也不能试图与国汗平起平坐了。

天聪五年（公元1631年）七月，皇太极仿照明朝官制设立六部，每部由一名贝勒主管，下设承政、参政等官位。六部分理政事，直接对国汗负责，从而使得汗权得到很大提高。八月，正蓝旗主三贝勒莽古尔泰与皇太极发生争执，两人越吵越烈，莽古尔泰一气之下握住佩刀柄，对皇太极怒目相向，对此，皇太极自然是衔恨在心。两个月以后，经诸贝勒议定，莽古尔泰被革除大贝勒身份，降为一般和硕贝勒，并罚银万两，夺五牛录。十二月，后金召开会议对朝贺仪制一事进行讨论，在皇太极的示意下，诸贝勒决定取消大贝勒与国汗并坐的旧例，由皇太极一人南面独尊。南面独尊对皇太极来说，是其汗权取得极大发展的重要标志之一。

调和满汉，安定民心

努尔哈赤从进入辽东以后，尤其是在其晚年，采取了一系列的民族歧视与压迫政策，大量迁民，按丁编庄，清查粮食，强占田地，满汉合居，杀戮诸生，遭到辽东汉民的反抗，民族矛盾十分尖锐。当时，汉人反抗的方式主要有逃亡、投毒、叛杀等等。

辽东地区的汉民恐惧努尔哈赤军队的野蛮屠杀，大量逃亡。据《满文老档》记载："占领辽东后，瑷河的人离散，朱吉文去收容入城。在凤凰、镇江、汤山、长甸、镇东的五城，空着没有人。"辽南四卫的汉民大都逃往海岛，皮岛是其中一处落脚点。明朝在皮岛设东江镇，任毛文龙为都督，驻守抗金。据粗略统计，辽东汉民逃到关内的达百万人，逃到朝鲜的有数十万人，逃到海岛上的也有数十万人，还有数万人逃到了山东。

投毒也是汉民反抗后金的一种积极的手段。努尔哈赤发现他居住的辽阳都城水井里，有人投毒。后来，在水、盐和猪肉里都发现了毒药。努尔哈赤到海州，宴会时发现汉人向井里投毒，企图毒死女真人。努尔哈赤草木皆兵，他规定，凡是开店的，必须在门前写明姓名；女真人买东西，必须记住店主姓名。

汉民原来降顺后金，但不堪凌辱，又背叛杀害后金官兵。这是一种忍无可忍之后的反抗方式。努尔哈赤气愤地说："我占领辽东后，没有杀害你们，没动你们住的房，耕的田，没有侵占你们家的任何东西，加以收养。就是那样，也不顺从。古河的人杀我派去的人，叛变了。马家寨的人杀我派去的使者，叛变了。镇江的人逮捕我任命的佟游击，送给尼堪叛变了。长岛的人逮捕我派去的人，送到广宁。双山的人定约，带那边的兵来，杀了我方的人。魏秀才告发岫岩的人叛变了。复州的人叛变，定约带尼堪的船来了。平顶山麓的人杀了我方的40人，叛变了。"从这个讲话里，我们可以得知古河、马家寨、镇江、长岛、双山、岫岩、复州、平顶山等地的汉人拿起武器，杀掉金兵，进行了坚决的斗争。努尔哈赤十分恐惧，规定女真人凡出行必须携带武器；女真人不许单独到汉人家里去；收缴汉人兵丁的一切武器；禁止汉人工匠出售武器等。

再者就是暴动。努尔哈赤疯狂地推行剃发令，遭到镇江（今辽宁丹东）等地汉人的激烈反抗，反抗的最高形式就是武装暴动。镇江曾经发生了两次武装暴动。

第一次暴动，"（镇江）有大姓招兵数万，欲为我歼奴（努尔哈赤）"。五月五日，努尔哈赤派吴尔古代和李永芳率兵2000，前来镇江镇压。激战20余天，才镇压下去。将俘虏1000余人带回辽阳，分赏女真官兵为奴隶。第二次暴动，在天命六年（公元1621年）七月二十日，镇江爆发。原辽阳守备毛文龙，在辽沈失守后，率兵200，从海上进击镇江。降金镇江中军陈良策从中接应，"令别堡之民诈称兵至，大呼噪，

155

第六章 革故鼎新，抚国安民

城中惊扰。良策乘乱执城守游击佟养真，杀其子丰年"。跟随暴动的汉民有60余人。里应外合，明军一举夺取了镇江城。辽南四卫汉民纷纷响应，复州降将重归明朝。汤站、险山汉民造反，执守堡官归明。此外，反剃发抗金兵的武装暴动还在辽南四卫展开，暴动的主力军是当地的矿工。"有盖州诸生李遇春与其弟李光春等聚矿徒2000余人自守"。他们在辽阳的东山和盖州的铁山举起义旗，反抗残暴的金人。"南卫民众聚铁山，敌兵仰攻者多杀伤"，努尔哈赤派重兵才将铁山矿工的暴动镇压下去。

努尔哈赤对辽东汉民实行的高压政策，是完全失败的政策。满汉民族矛盾极其尖锐，汉族民众走投无路，进行了多种形式的反抗斗争，以争取自身的生存地位。这时的辽东地区成为了汉民的人间地狱。皇太极面临的就是如此严峻的辽东形势。

针对这些民族矛盾，皇太极审时度势，采取了一系列的明智并且可行的政策。皇太极注重调整满汉关系，对汉民、汉官的地位予以改善和提高。

皇太极下令，以往有私欲潜逃者，或与明朝暗中往来者，事情已经过去，就算被人揭发，也都一概不予追究；今后只有在逃亡途中被缉获者才会被处以死刑，想逃但没有付诸实际行动的，哪怕有人告发也不对之加以查究。

对汉民，他提出"治国之要，莫先安民"，强调满洲、蒙古、汉人之间的关系"譬诸五味，调剂贵得其宜"。他决定：汉人壮丁，分屯别居；汉族降人，编为民户；善待逃人，放宽惩治——"民皆大悦，逃者皆止"。天聪元年（公元1627年），皇太极实行了满汉分居、将汉人编为民户的政策。早在天命时期，努尔哈赤就曾经下令将汉人全部编入一种叫做"拖克索"的农庄。努尔哈赤按满官的品级大小把汉人整庄整庄地赐给满族官吏做奴隶,备御官各赐一庄。那时,满人、汉人同处一屯,汉人每被侵扰,多致逃亡。皇太极决定对这一编汉人为奴的政策进行改革,他下令每庄的13名汉人壮丁中只留8人,其余5名壮丁编为民户,与满人分屯别居,并选择清正的汉官对之加以管辖。这样一来,便使得相当一部分的汉人摆脱了奴隶的地位,恢复了编户齐民的身份。从此,一度紧张的满汉关系得到了一定缓和,同时,这一改革也解放了生产力,提高了后金的生产发展水平。

天聪三年(公元1629年),后金重新颁布了《离主条例》。所谓离主条例,就是指奴隶可以控告主人,如果审讯得实,主人将被按有关规定治罪,而奴隶则可以离开主人。新议定的《离主条例》一共六款,其规定除八旗旗主外,满族贵族及各级官吏如犯有擅杀人命、私行采猎、奸污属下妇女、隐瞒部下战功不报等罪状,属下均可向有关方面告发。《离主条例》中所指的奴仆或奴隶当然也包括汉人在内,包括留在原田庄中的8名汉人壮丁在内。如果说满汉分屯别居的政策是使得部分汉人奴隶得以获得解放的话,那么《离主条例》主旨就是要对包括汉人在内的奴隶的生命财物安全加以保护。这两者都有利于满汉关系的改善。

汉官原从属满洲大臣,自己的马不能骑,自己的牲畜不能用,自己的田不能耕;官员病故,妻子要给贝勒家为奴。皇太极优礼汉官,以此作为笼络辽东汉族上层人物的一项重要政策。对归降的汉官给予田地,分配马匹,进行赏赐,委任官职。皇太极重用汉官,范文程是一个例子。"太宗即位,召直左右",参与军政大计。每逢议事,总问:"范章京知道吗?"遇有奏事不当之处,总是说:"为什么不和范章京商量呢？"诸臣回答说："范章京也这么说。"皇太极就认可。有一次范文程在皇宫里进食，看着满桌佳肴美味，想起老父亲，停箸不食。皇太极明白他的心思，立即派人把这桌酒席快马送到范文程家里。后来，范文程做到内秘书院大学士，这是清朝汉人任相之始。

"士为秀民，士心得，则民心得矣"，谁占有更多的优秀人才，并发挥其才能智慧，谁就能战胜对手。大明有人才却不能用，大顺没有鸿儒俊彦，而牛金星不过是个举人。而决定大清能否在这场龙虎斗中取胜的关键，也在于能否拥有人才。努尔哈赤对明朝生员屠杀过多，对所谓通明者"尽行处死"，其中"隐匿得免者"约有300人，都沦为八旗包衣下的奴仆。皇太极下令对这些为奴的生员进行考试，各家主人，不得阻挠。这是后金科举考试的开端，结果得中者共200人。他们从原来为奴的身份，尽被"拔出"，获得自由，得到奖赏。后又举行汉人生员考试，取中228人，从中录取举人16人，各赏衣服，礼部赐宴，优免丁役，加以重用。这项举措，反响强烈，"仁声远播"。

不仅如此，皇太极还颁布上谕。谕曰："工筑之兴，有妨农务。从前因城郭边墙，事关守御，故劳民力役，事非得已。朕深用悯念。今修葺已竣，嗣后有颓坏者，止令修补，不复兴筑。用恤民力，专勤南亩，以重本务。其村庄田土，八旗移居已定，今后无事更移，可使各安其业，无荒耕种。如各牛录所居，有洼下不堪耕种，愿迁移者，听之。至于满汉之人，均属一体。凡审拟罪犯，差役公务，毋致异同。其诸贝勒大臣，并在外驻防之人及诸贝勒下牧马管屯人等，有事往屯，各宜自备行粮。有擅取庄民牛、羊、鸡、豚者，罪之；私与者，章京、屯拨什库，亦坐罪。若屯拨什库，有欲徇情供给者，以己所畜鸡、豚供之，毋得于牛录下敛取。其田猎采捕之事，立有规条，须先告之本旗贝勒，与

贝勒属下人同往。凡边内狼、狐、貉、獾、雉、鱼等物，各听其采捕
狍、鹿，不许逐杀，恐疲马力，有妨武事。并禁止边外行猎，违者均罪
之。至通商为市，国家经费所出，应任其交易，漏税者罪之。若往外国
交易，亦当告之诸贝勒，私往者罪之。"

　　这是一个关于工筑、农耕、迁移、司法、差役、田猎、交易等事务
的安民告示上谕。这个上谕的实质是强调"至于满汉之人，均属一体。
凡审拟罪犯，差役公务，毋致异同"。所有事关司法和事关差役的事
情，"满汉之人，均属一体"，一样对待；"毋致异同"，没有不同。
这是政策上的重大变革，汉人从此取得了与满人一样的法律地位，一样
的经济地位，同满人平等了。这个上谕如同安民告示，对于安定汉人起
了很大的作用。

　　皇太极重视农业生产，停止妨碍农业生产的建筑工程，禁止屠杀牲
畜，禁止满人擅取汉人财物，禁止放鹰糟踏庄稼，实行"三丁抽一"政
策：一家三丁，一人出去打仗，两人留下从事生产，以保证劳力。这些
措施，发展了农业生产，使后金经济有了很大发展。

皇太极昭陵

皇太极还重视风俗习惯的改革。当时，满州有婚俗，嫁娶不择族类，父死，子可娶后母；兄死，弟娶嫂子等。皇太极下禁令，永远禁止娶继母、伯母、叔母、兄嫂、弟妇、侄妇。

努尔哈赤早在天命十年，明天启五年（公元1625年）十月初三日，颁布"按丁编庄"谕，《满文老档》第六十六卷记载："若收养的人放在公中，那么也会被诸申侵害，全部编人汗、诸贝勒的庄中。一庄男子十三人，牛七头，田百亩。其中二十亩为贡赋的东西，八十亩是你们自己吃的东西。这就是后金的"按丁编庄"。编庄的男丁都分配给了满族官员为农奴，同满人生活在一起。"房合住，粮合吃，田合耕"，实行"三合"。这个"三合"制度，使得汉人的田宅被霸占，粮食被侵夺，人身被役使，妻女被凌辱。汉人每时每刻都处在满人的压榨和欺凌之中。

皇太极早已看出了"按丁编庄"的弊端，随后，颁布了上谕。《清太宗实录》记载："先是，汉人每十三壮丁，编为一庄。按满官品级，分给为奴。于是，同处一屯。汉人每被侵扰，多致逃亡。上洞悉民隐，务俾安辑，乃按品级，每备御止给壮丁八、牛二，以备使令。其余汉人，分屯别居，编为民户。择汉官之清正者辖之。又凡有告讦，所告实；则按律治罪。诬者反坐。又禁止诸贝勒大臣属下人等，私至汉官家需索马匹、鹰犬或勒买器用等物及恣意行游，违者罪之。由是汉人安堵，咸颂乐土云。"这个上谕是对以前努尔哈赤谕旨的一个否定。皇太极担心将壮丁分给为奴，"分给日久，或受凌虐"。因此，改变了"按丁编庄"的做法。从此，辽东的汉人恢复了自由人的身份。

皇太极采取的这些调剂满汉关系的举措，和努尔哈赤时期相比，具有很大的进步意义。这些措施为后金政治的稳定起到了很大的作用。

笼络蒙古，一后四妃

皇太极时期，有明朝、蒙古、后金三大政治势力，明朝和后金是主要对手，而蒙古是双方都必须争取的政治力量。皇太极雄才大略，不满足做个守成之君，决心要开创崭新的局面。他很讲究实际，不仅懂得治国之道，也懂得人君之道。他说："若治国之道，如筑室然。基础坚固，厄材精良者，必不致速毁，世世子孙可以久居。其或苟且成工者，则不久圮坏，梓材作诰，古人所以谆谆垂诫也。"皇太极深知，如果后金与蒙古联盟，就形成满、蒙两个拳头打明朝的态势；如果明朝与蒙古联盟，就形成明、蒙两个拳头打满洲的态势。因此，后金要同明朝争天下，关键问题之一就是要建立满蒙联盟。满洲与蒙古在生活、习俗、语言、宗教等方面，有共同或相似之处，这为满蒙联姻提供了方便的条件。但是，皇太极在对待蒙古的问题上，主要着力于笼络蒙古贵族，与他们进行联姻，以达到合作结盟的政治目的。

崇德元年（公元1636年）四月，皇太极即皇帝位，称"宽温仁圣皇帝"，定国号为大清，改元为崇德元年。七月，定五宫制，立清宁宫为中宫皇后，大妃博尔济吉特氏正位中宫，东宫为关雎宫宸妃，次东宫为麟趾宫贵妃，西宫为衍庆宫淑妃，次西宫为永福宫庄妃。这"一后四妃"，都是蒙古族人，都姓博尔济吉特氏，分别属于蒙古察哈尔部和科尔沁部。皇太极还把次女下嫁给林丹汗的儿子额哲，命令叔父舒尔哈齐的儿子济尔哈朗娶林丹汗的遗孀苏泰太后为福晋，命令长子豪格和二兄代善、七兄阿巴泰分别和蒙古察哈尔部联姻，构成错综复杂的姻盟，以达到联合蒙古的目的。

皇后博尔济吉特氏，是蒙古科尔沁贝勒莽古思的女儿。皇太极继位后，博尔济吉特氏成为后金第一夫人，称中宫大妃。崇德元年（公元1636年），皇太极登上皇帝宝座后，妻以夫贵，博尔济吉特氏就成为中宫皇后。

皇太极宠爱的还有四位皇妃：第一位是关雎官（东宫）宸妃，博尔济吉特氏，是中宫皇后的侄女，也是永福宫庄妃博尔济吉特氏的姐姐。

第二位是麟趾宫（西宫）贵妃，为蒙古阿霸垓郡王额齐格诺颜之女。

第三位是衍庆宫（次东宫）淑妃，原是蒙古察哈尔林丹汗的窦土门福晋。林丹汗死后，她携部众降金，不久被皇太极纳娶。她抚养蒙古一女，皇太极"命睿亲王多尔衮娶焉"。

第四位是永福宫（次西宫）庄妃，俗称大庄妃，名布木布泰，是科尔沁贝勒寨桑之女，又是中宫皇后博尔济吉特氏的侄女，关雎宫宸妃的妹妹。皇太极即皇帝位后，封她为永福宫庄妃。庄妃作为一个女人，人生中最大的事，就是生下一个儿子——福临，即后来的顺治皇帝。

皇太极的"一后四妃"，都姓博尔济吉特氏，她们都是成吉思汗的后裔。

明代后期蒙古已逐渐形成三大部：第一，漠西厄鲁特蒙古，生活在蒙古草原西部直至准噶尔盆地一带；第二，漠北喀尔喀蒙古，生活在贝加尔湖以南、河套以北；第三，漠南蒙古，生活在蒙古草原东部、大漠以南。漠南蒙古夹在明朝与后金中间，因此后金最早同漠南蒙古发生政

谋取神州

清朝开国奇谋

治联系和政治联姻。

努尔哈赤时期，重点与漠南蒙古科尔沁部联姻。蒙古科尔沁部驻牧在嫩江流域，东邻女真叶赫部，西界蒙古扎鲁特部，南接蒙古内喀尔喀部，北临嫩江上游地区。蒙古科尔沁部与女真建州部的关系，是从战争开始的。

明万历二十一年（公元1593年），科尔沁部贝勒明安率蒙古兵万骑，参加以叶赫为首的九部联军，围攻努尔哈赤的建州部，在古勒山兵败后尴尬地逃回。翌年，"北科尔沁部蒙古贝勒明安、喀尔喀五部贝勒老萨，始遣使通好"。这是科尔沁部初次遣使建州。此后，"蒙古各部长遣使往来不绝"。万历三十六年（公元1608年）三月，建州兵往攻乌拉部的宜罕山城，"科尔沁蒙古翁阿岱贝勒与乌拉布占泰合兵"据守，科尔沁军遥望建州兵强马壮，自知力不能敌，便撤兵，求盟姻。努尔哈赤不计较科尔沁以往动兵的旧恶。他说："俗言：'一朝为恶而有余，终身为善而不足。'"同意与科尔沁弃旧怨，结姻盟。

万历四十年（公元1612年），努尔哈赤闻科尔沁贝勒明安的女儿博尔济吉特氏"颇有丰姿，遣使欲娶之。明安贝勒遂绝先许之婿，送其女来"。努尔哈赤以礼亲迎，大宴成婚。这是建州与科尔沁联姻的开始。天命元年（公元1616年），努尔哈赤称汗，科尔沁贝勒翁果岱之子奥巴（又作鄂巴）与努尔哈赤结盟。不久，奥巴亲谒努尔哈赤，受封土谢图汗，娶努尔哈赤养女、侄子图伦之女为妻。至此，蒙古科尔沁各部，全都归附后金。

努尔哈赤还以召见、赏赉、赐宴等形式，抚绥科尔沁王公贵族。漠南蒙古科尔沁部成为后金的政治同盟和军事支柱。努尔哈赤采用抚绥分化和武力征讨的两手政策，在蒙古科尔沁部取得了显著的效果。

皇太极时期，重点与漠南蒙古察哈尔部联姻。蒙古察哈尔部林丹汗，与天聪汗皇太极同岁。当时察哈尔部实力雄厚，其势力范围，东起辽东，西至洮河，拥有八大部、二十四营，号称40万蒙古。林丹汗有"帐房千余"，牧地辽阔，部众繁衍，牧畜孳盛，兵强马壮，自称全蒙古大汗。林丹汗尝称："南朝止一大明皇帝，北边止我一人。"所以，林丹汗希望恢复大元可汗的事业，南讨明朝抚赏，东与后金争雄，号令漠南蒙古。明朝主要采取"以西虏制东夷"的策略，联合林丹汗，共同抵御后金。林丹汗接受明朝抚赏，妨碍后金攻明。

皇太极通过"一后四妃"，与蒙古科尔沁部、察哈尔部联姻，化敌为友，化仇为亲，有效地促进了后金的发展。

初定官制，深度汉化

天聪五年（公元1631年）七月，皇太极仿明制设定官制。建置了国家主要行政机构吏、户、礼、兵、刑、工六部，每部以贝勒一人领其事，下设承政、参政、启心郎等分掌其职。除吏部设满、蒙、汉承政各一人外，其余各部皆设满承政二人、蒙、汉承政各一人。参政、启心郎，除工部外，各设参政八人，启心郎一人，而工部设满参政八人，蒙、汉参政各三人，满、汉启心郎二人。其余办事笔帖式，各酌量事务繁简补授。虽然贝勒们分掌六部事务，但是他们和皇太极已不是原先的平列关系，而是君臣隶属关系。不久皇太极为了直接控制六部，又进一步削弱贝勒的权力，下令"停王贝勒领部院事"，这样就把贝勒置于国家机构之外，皇太极独主政务，将六部之权牢牢地控制在自己手中。

崇德元年（公元1636年）三月，皇太极改文馆为内三院，即内国史院，负责撰拟诏令、编纂史书等；内秘书院，负责掌管和起草对外文书与敕谕、祭文等；内弘文院，负责讲经注史、颁布制度等。并且以刚林为内国史院大学士，以范文程、鲍承先为内秘书院大学士，以希福为内弘文院大学士。其顶戴服色及随从人役，俱与梅勒章京同。同时，罗硕、罗锦绣为内国史院学士，詹霸仍为内秘书院学士，胡球、王文奎为内弘文院学士。其顶戴服色及随从人役，俱与甲喇章京同。同时设置八承政，分管内三院事务。五月，皇太极又更定内三院官制，内国史院大学士一人，学士二人；内秘书院大学士二人，学士一人；内弘文院大学士一人，学士二人，其中以满人为主，兼有汉人和蒙古人。内三院的组织和职掌比文馆更完善、更扩大了。内三院的官员参加国家机密，成为皇太极处理政务的得力助手。

崇德元年（公元1636年）六月，又设都察院，掌管监察之权。若汗有"奢侈无度"，"误杀功臣"，"逸乐畋猎"，"荒耽酒色"，"不理政事"，"弃忠良，任奸宄"，要直谏无隐；若贝勒、大臣有"废职业"，"黩货偷安"，"朝会轻慢"，而"部臣容隐"，可指参。上自汗，下至贝勒、部院大臣等皆在都察院劝谏、纠察范围之中。为了更好地解决北方民族问题，崇德三年（公元1638年），将蒙古衙门改为理藩院，设承政一员、左右参政各一员、副理事官八员、启心郎一员，专门负责掌理内外蒙古等民族事务，巩固满蒙联盟。

改革调整后的国家机关有内三院、六部、都察院、理藩院，合称三院八衙门。它虽然同八旗制度并存，但是已逐步取代早先八旗所行使的国家权力。皇太极通过这套政权机构，把权力集中起来。

皇太极后金国所设的中央政府的六部，既是仿照明朝而来，也有自己的特点：第一，名称不同。六部内所设官职的名称与明朝不同。明朝六部内的官职设尚书、侍郎、郎中、员外郎、主事等。而后金国的六部官职，似乎贝勒兼任部务，有尚书之实，却无尚书的具体官名。各部承政相当于侍郎，编制为4员。参政相当于司局级干部，但有8员之多。各部特设的启心郎，似乎是秘书长之类的官员，这是明朝没有的。后金国六部的笔帖式，是秘书类的官员，大体与明朝同。

第二，性质不同。明朝六部保证汉族的绝对优势。而后金国的中央六部保证的是满族的绝对优势。这从六部的最高长官为贝勒一级即可看出了。管吏部事的贝勒多尔衮是皇太极的第十四弟，管户部事的贝勒德格类是皇太极的第十弟，管礼部事的贝勒萨哈廉是大贝勒代善的第三子，管兵部事的贝勒岳托是大贝勒代善的长子，管刑部事的济尔哈朗是贝勒舒尔哈齐的第六子，管工部事的阿巴泰是皇太极的第七兄。即是说，六部的最高长官全部是皇太极的近亲，是后金国的高等贵族。

第三，内涵不同。后金国官员的设置特别注意民族的构成，明确规定，满族、蒙族、汉族各自的比例。部长由满族贵族贝勒担任。副部长承政的比例为满族两员、蒙族一员、汉族一员。这就在中央机关中保证了蒙族、汉族官员的一定比例，有助于政权的稳定。当然，六部官制随着时间的推移，其内涵也在不断变化，即官职的级别、人数都有相应的增减。此时的各部官职只分三级，即部级、副部级和秘书长级。部长由贝勒兼任，承政相当于副部长，满蒙汉各一员，启心郎相当于各部的秘书长。其后，贝勒不再兼任部务，承政升为部长，参政成为副部长，启心郎仍为司级干部了。

在官制建置的同时，一套等级名分制度也随之确立。天聪六年（公元1632年）。皇太极下令官民服制，从衣冠样式、色彩、图案、布质按等级不同而各异，区别尊卑贵贱。护军以上官员方可着缎服，其余人等衣布，非汗所赐黑狐帽、五爪龙、明黄、杏黄、金黄、紫色等一律禁用。天聪八年（公元1634年），又厘定武职满名等级：五备御之总兵官为一等公，一等总兵官为一等昂邦章京，二等总兵官为二等昂邦章京，三等总兵官为三等昂邦章京；一等副将为一等梅勒章京，二等副将为二等梅勒章京，三等副将为三等梅勒章京；一等参将为一等甲喇章京，二等参将为二等甲喇章京，游击为三等甲喇章京；备御为牛录章京，代子为骁骑校，章京为小拔什库，旗长为护军校。崇德三年（公元1638年），又立宗室名分：和硕亲王、多罗郡王、多罗贝勒、固山贝子、固伦公主、和硕公主、和硕格格、多罗格格、固山格格、固伦额驸、和硕额驸、多罗额驸、固山额驸。"等级名号，皆有定制，昭然不紊"。后金宗法思想和等级制度的确立是其政权封建化的标志之一。

在政治革新中，皇太极注重选拔人才，量才录用，充实国家机构。他指出："自古国家，文武并用，以武功戡祸乱，以文教佐太平。"下令"于生员中考取其文艺明通者，优奖之"。诸贝勒府以下，及满、汉、蒙古家，所有生员俱令考试，并谕各家毋得阻拦。早在天聪三年（公元1629年）九月，考试儒生录取200人。凡在皇上包衣下，八贝勒等包衣下，及满洲、蒙古家为奴者，"尽皆拔出"。天聪八年（公元1634年）三月，又考录汉人生员，一等16人，二等31人，三等181人。皇太极治国"以人才为本"，命满、汉、蒙古各官荐举"深知灼见之人"，"无论旧归新附，及已仕未仕"，"量才录用"。从努尔哈赤的"戮儒"到皇太极重用儒生，人才观念发生了变化。皇太极大力选拔人才，汉族仕人增多，改变了后金政权的组成成分，扩大阶级基础。诸如鲍承先、宁完我、高士俊、高鸿中、马光远、张存仁等都成为皇太极的股肱之臣，为后金政权作出巨大贡献。

皇太极在机构改革的过程中，也发现一些问题，有些部门"办事多有缺失"，官员"不实心办事"，更有甚者"各部贝勒多在私家理事"。因此，他为了使国家行政机构，能够有效地发挥职能作用，促使各级官吏勤于职守，提高办事人员素质，不断充实官员队伍，采取了两项措施：一是颁布官员升赏、黜罚、考核等法令，如制定《功臣袭职例》，后人根据先人功劳大小袭职，所谓"叙各官功次，赐之敕书"。又对部院各级官吏三年考绩一次，有功者赏，有过者罚，以此来督促官吏，做好工作。

皇太极的后金国家机关的设立，有三个特点：一是以明为主，兼顾后金；二是满族执政，汉蒙参加；三是体系完整，规模初具。其意义是标志着皇太极的政权，在政治上已经完成了向国家过渡。

皇太极在对官制进行改革的同时，更加注重汉文化。努尔哈赤时代尽管已经"沾染汉俗"，在汗位继承方面想用汉人的立嫡立长制度，在大汗用色方面以黄为正色，不过当时各种制度尚属草创，他自己又仇恨汉人，因此具体的"汉化"政策根本谈不上。

皇太极是个倾心于汉族文化的人，他以宽广的心胸学习、借鉴汉人文化，特别重视汉人的政治经验。

皇太极认为明罗贯中所著《三国演义》含有丰富的战略、战术思想，对于指挥打仗很有借鉴作用。后来，文馆的秀才王文奎就向他说过："帝王治平之道，微妙者载在《四书》，明显者详诸史籍。"他并建议皇太极要加以吸纳，"日知月积，身体力行，作之不止"。另外一位汉官宁完我后来也向皇太极说：帝王"如要知正心、修身、齐家、治国之道理，则有《孝经》、《学庸》、《论孟》等书；如要益聪明智识，选练战功之机权，则有《三略》、《六韬》、《孙吴》、《素书》等书。如要知古来兴废之事迹，则有《通鉴》一书"。宁完我认为可以从上述诸书中汲取良法美意，解决施政中的各种难题。于是，皇太极命令翻译这部书为满文，使之培育了一代又一代清朝将领。大学士达海是正蓝旗人，满史、汉文兼通，有"满洲圣人"之称。他受命翻译了《孟子》、《通鉴》、《六韬》。皇太极令他翻译《三国演义》，达海接受了任务，但没译完就死了。大学士范文程等受命继续翻译，直到顺治七年（公元1650年）才译完，并颁发全军。译者接受了鞍马、银币的奖赏。

皇太极从汉官建议与汉文翻译的中国古书中，知道治国"以人才为本"，有了好的人才佐理，"才能稳坐江山"，而"金之兀术、兀之世祖，皆能用汉人以成事业者也"。同时他也了解发现与使用人才的途径有推荐、考试、自荐等等。天聪三年（公元1629年），他下达命令，要大臣们积极推荐人才；他说：满、汉、蒙古各族人中，具有谋略可胜任军、政职事的人，你们大臣将所见的写报告来，我可从中选任。天聪九年也下过类似的命令，要大臣们推荐有"真知灼见、公忠任事"的人，以备他任用。

皇太极即位后采取的这些革弊鼎新的举措，以及从实际出发，采取调和满汉关系的国策，对国家实力的强盛，有着极为重要的意义。而在国力强盛的过程中，皇太极也开始势力扩张。

第七章

精心运筹，四向拓疆

经过改革之后，皇太极虽然稳定了内外的形势，但是，此时的蒙古和朝鲜依然是明朝的附属，随时都有可能对后金发动进攻。在宁锦之战失利后，皇太极采取缓兵之计，假意和明朝议和。与此同时，皇太极便又开始对蒙古和朝鲜发动战争，并最终征服两国。除掉了明朝的左、右翼。随后皇太极便长驱直入明朝腹地，给明朝以沉重打击。在这个过程中，皇太极还巧施反间计，除掉了劲敌袁崇焕，使得自己的拓疆大业更加顺利、迅速。

失利宁锦，与明议和

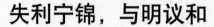

孙承宗（公元1563年～1638年），字稚绳，号恺阳，北直隶保定高阳人。他青年时就对军事有着非常浓厚的兴趣。还在边境教书期间，他"杖剑游塞下，从飞狐（河北涞源北飞狐关）、拒马间直走白登（山西大同东）。又从纥干（山西大同东纥真山）、青波（河北清河）故道南下，结纳豪杰戍将老卒，周行边垒，访问要塞险塞，相与解裘马，贳酒高歌。用是以晓畅虏情，通知边事本末"。

明万历三十二年（公元1604年），孙承宗中进士，并被授以翰林院编修之职。明天启元年（公元1621年），他以左庶子的身份充任日讲官，不久，又被升任为少詹事。当时，辽沈之战明军大败，孙承宗因深悉用兵之道而被任命为兵部尚书，东阁大学士。上任以后，他上疏对当时明廷在军事体制与战场指挥上的弊端予以例举，并希望能够对之进行改革，该奏疏的主要内容为：第一，军队疏于训练，后勤供应混乱。第二，"以将用兵，而以文官招练；以将临阵，而以文官指发；以武略边，而增置文官于幕府"。指出当时"以文制武"指挥策略的失误。"以边任经、抚，而日问战守于朝"，指出"将从中御"的不妥。因此，他主张"今天下当重将权。择一沉雄有主略者，授之节钺，得自辟置偏裨以下，勿使小吏用小见沾沾陵其上"。此外，还要抚辽西、恤辽民、简京军等，都得到了明熹宗的批准。

为了听取各方面的意见，孙承宗召集将吏讨论如何防守。监军阎鸣泰主守觉华岛（辽宁兴城东30里海中，今称菊花岛），袁崇焕主守宁远卫，王在晋则主守中前所。监司邢慎言、张应吾等附和王在晋的意见。孙承宗在全面考虑了各方意见，权衡利弊得失后，支持袁崇焕主守宁远的意见。

宁远，位于辽西走廊中部，"内拱岩关，南临大海，居表里之间，屹为形胜"。守住宁远，也就等于扼住了这条走廊的咽喉，能确保200里外的山海关的安全。因此，孙承宗决计守卫宁远，是颇具战略眼光的。

孙承宗回到北京，向明熹宗详细上奏了其坚守宁远，以与觉华岛守军互为犄角、遥相呼应的战略计划，正式提出了"以辽人守辽土，以辽土养辽人"的战略方针，并建议解除王在晋的兵部尚书及辽东经略之职。熹宗接受了孙承宗的意见，将王在晋调任南京兵部尚书。自此，八里铺筑城之议遂息。

王在晋调走后，山海关的防务采取并贯彻了孙承宗与袁崇焕主守关外的战略。此后，经数年艰辛的努力，一道坚固的宁（远）锦（州）防线被布置成功，并且最终成为一道后金骑兵不可逾越的障碍。从努尔哈赤到皇太极，始终都没能完全打破这道防线，在屡次碰壁之后，他们被迫望宁远而却步。这道防线不仅确保了山海关免受攻击，而且在此后的20余年间，基本上稳定了辽西走廊的战局。

明天启二年（公元1628年）八月，孙承宗被任命为辽东经略，随后他便开始实行他的战略计划。孙承宗认为要想保住山海关，就必须先巩固辽西；要想恢复辽东也必须先巩固辽西。于是，他开始对宁锦防线积极进行部署。

他首先大力整顿了关门防务。经过几个月的整顿，他稳定了关门局势，从而为恢复辽西失地稳固了根基。

与此同时，他还开始着手修筑宁远城。天启三年（公元1623年）九月，孙承宗命祖大寿修复宁远，并令驻军尽速恢复山海关至宁远沿线被焚弃各城。召辽人回故居，垦荒屯田，重建家园。又发展采煤、煮盐、海运等事业，以充实民力，确保军需。宁远城竣工后，又调袁崇焕镇守。孙承宗自己则亲自镇守山海关。在袁崇焕的精心治理下，宁远"商旅辐辏，流移骈集，远近望为乐土"，成为一座进可攻、退可守的军事重镇。随着宁远城守的日渐牢固，明军的防线不断向外拓展。天启五年（公元1625年）夏，孙承宗派遣将领分别镇守锦州、松山、杏山、石屯及大小凌河各个城镇。这样，明边防又自宁远向前推进200里，自此形成了以宁远为中心的宁锦防线。

孙承宗提拔选用了袁崇焕等一大批忠正耿直的文武人才，使得明军的边防更加完备。"自承宗出镇，关门息警，中朝宴然，不复以边事为虑矣"。不但扭转了原先的那种颓败之势，且整个形势变得越来越好。

皇太极的最终目标是夺取明朝天下，他知道明朝虽屡败于后金，国力大为削弱，但毕竟在中原地区绵延了数百年，根基牢固，并不是轻易就可以战胜的。努尔哈赤在宁远之败不久死去，皇太极即汗位后，就致函宁远巡抚袁崇焕，传达了讲和的意思。袁崇焕针锋相对，回信提出了讲和的条件，要后金从占领的辽东地区退出。在讲和的问题上，双方都没有多大诚意，皇太极不过是想争取时间对朝鲜用兵，而袁崇焕也在争取时间加强防御。

明朝在萨尔浒战役中遭到惨败，迫使它从战略进攻转为防御，直至退却，但退到辽西地区，就不想再退了。整个辽沈地区被熊廷弼称为

"神京左臂"，京师、山海关、辽沈，形势完整，臂指相连。辽沈失掉后，辽西首当其冲；辽西不保，山海关即失；山海关一失，京城就暴露于敌前，其危亡必在旦夕之间。因此，明廷采纳孙承宗、袁崇焕等人的意见，在辽西地区派重兵镇守，双方在这一地区进行了长达十几年的拉锯战，激烈争夺每一个屯堡、军事要塞和城镇。

后金天聪元年（公元1627年）五月初，皇太极亲率精锐，挥师西向。当时，大凌河、小凌河、右卫诸城的修筑工程尚未最后完工，因此，当后金军队大兵压境之际，这几个城堡的明守军被迫弃城而逃。所以，这场大战的战场主要还是在宁远以及刚刚修完的锦州城下。

这些城的修筑工程是明军积极防御策略的一部分，由宁远巡抚袁崇焕独创部署。袁崇焕总结交战以来的经验教训，筑起了一道宁锦防线。他认为"恢复之计"在于"以辽人守辽土、以辽土养辽人，守为正著，战为奇著"。依靠当地百姓守卫自己的土地，依靠这里的肥沃土地来维持百姓和军队在内的生计；军事上，防御为主，出战、进攻为其次。这一方针完全符合当时当地的实际情况，是阻挡后金的攻势，渐图恢复的有效措施。皇太极意识到，这些地处辽西的军事要地一旦修缮完整，会给他的进军造成巨大的障碍。他果断命令将士们连续作战，力图抢在这些城池完工之前，一举攻克，以使袁氏的防御体系付诸东流。

同年，五月十一日，后金军队对锦州形成包围之势，并向城中劝降，结果被明总兵拒绝。十二日，后金军发起猛烈的进攻，明朝守城将领冒着枪林弹雨，指挥将士顽强守卫锦州。城上炮火矢石交下如雨，后金军队受到重创，战斗进行了一整天，后金伤亡惨重，而锦州城却没有什么损失。后金军队继续又攻十几天，还是没有攻下来。而且几次劝降信用箭射到城里，也没有回音；诱使出城会战，明兵凭坚城据守不出。

皇太极当然不甘心失败，他一面指挥军队继续向锦州城发动进攻，一面派人前往沈阳搬取援兵。在这场大战中，两军首次交锋便以后金的失败告终。

此时的皇太极已经是无计可施，只得留部分兵力围攻锦州，自率主力转攻宁远（今辽宁兴城县城）。坐镇宁远的正是名将袁崇焕，他已向朝廷请来各路援兵，出动水师在海上遥相控制，再派部将尤世禄、祖大寿率精兵4000增援锦州，他们刚要出发，后金兵突然来到，就在城外二里安营，严阵以待。皇太极督代善、阿敏等领兵进击。袁崇焕坐镇指挥，放射大炮，后金兵死伤惨重，明兵也死伤大半。这一战役延续到第二天，明兵发挥枪炮的威力，使后金继续遭受重大损失，游击觉罗拜山、备御巴希等被射死，贝勒济尔哈朗、萨哈廉、瓦克达都受了伤。

宁远久攻不下，皇太极又返回锦州，再次攻城，已是六月四日。时值暑天，将士中暑很多，士气、战斗力都在下降。皇太极知不可久留，决定班师。第二天，大军开始从锦州撤退，整整持续了一夜，至次日黎明，经小凌河城，把明兵已修好的城墙和工事全部毁掉，然后挥军离去。

此战明军防守成功，时称"宁锦大捷"。"宁锦大捷"的取得，除了顽强的抵抗，主要还是袁崇焕的战略发挥了决定性的作用。袁崇焕正确估量了敌我形势：明兵不利于野战，和擅长骑射的后金兵是无法较量的。只有高筑城墙，深挖战壕，坚守城池，用大炮轰击，以制敌取胜。此种战略，正好限制了后金兵发挥优势。

受挫宁锦的事实，使皇太极清醒过来了，他开始认识到击败明朝并不是一朝一夕可以到的事情，大举伐明的时机尚未成熟。在此后的日子里，皇太极和他的谋臣们审时度势，逐总结形成了一套比较明确的策略，那就是对明朝采取议和与军事掠夺相结合的原则。

后金天聪元年（公元1627年）十月，皇太极直接致信明朝皇帝，希望双方早日议和，但此举没有得到任何结果。两年后，他又于天聪三年（公元1629年）正月主动致书袁崇焕，提出了恢复和谈的愿望，并且为表示议和诚意，未在信中使用天聪年号。这之后他又先后七次致书明朝求和。

那么皇太极为什么会对议和这样热心呢？究其原因，并不是他诚心议和，而是在无力一举击败明朝的情况下所采取的一种策略。他的议和条件主要有两个：一是要保住所占领的辽东地盘；二是索要相当数量的财物。如果和议能够达成，那么后金将一下子得到巨额财富，这将可使后金财物匮乏的状况得到缓解，从而使后金国力得到增强；如果议和不成，那么他也就有了深入明境抢掠的借口。皇太极与明朝的议和，就跟一只猫戏弄一只大老鼠，因为不能马上就把它吃下去，所以只对它加以戏弄，然后把它吃下去。

从一开始，皇太极就从未停止过对明用兵。后金天聪三年（公元1629年）十月，皇太极亲统大军，取道蒙古，由喜峰口突入明境，一举攻陷遵化城，并于十一月十七日兵临北京城下。后金军队突入长城时，袁崇焕正在广宁。他得知这一消息后，急忙率祖大寿等挥师入关，赴京勤王。北京城下一战，后金军队被袁崇焕与祖大寿杀退。但由于皇太极施行反间计，使明朝廷杀了袁崇焕，祖大寿因而非常害怕，率军溃逃出关。于是皇太极与没有了袁崇焕的明军在北京城下展开大战。不久，他又引兵东行，一路连下遵化、永平、滦州、迁安四城，并分别留兵驻守，自己则率军由冷口关北返。五月，明军向永平等四城发动猛攻，四城守将阿敏、硕托等弃城而逃。

天聪五年（公元1631年）正月，后金仿制的第一批红衣大炮在沈阳造成，定名为"天佑助威大将军"。从此，后金终于有了自己制造的红衣大炮，这是八旗兵器史上的大事件。此后，皇太极在八旗军设置新营"重军"，就是以火炮等火器装备的重型新兵种——炮兵。这样，明军的红衣大炮后金军也拥有了，而后金军的强大骑兵明军却没有，皇太极在开拓疆域的武功中更是如虎添翼。

后金天聪六年（公元1632年）七月，皇太极在得知明朝修大凌河城的消息后，亲率大军由沈阳出发并最终于八月六日进抵大凌河城，把大凌河城围了个水泄不通。明将祖大寿粮草断绝，坐困城中，被迫献城归降。后来祖大寿将自己的儿子留在后金充当人质，假意说如放其回锦州，将为后金赚取该城。皇太极信以为真，准许祖大寿返回锦州。后来祖大寿又为明朝效力了10年，才真正投降皇太极。通过大凌河一战，后金军队缴获了大量的鸟枪和火炮，又成功地招降了张存仁等30余名明朝在辽东的战将。从此，明朝在辽东的前沿再也无力向前推进了。天聪八年（公元1634年），皇太极再次挥师入关，向明朝的宣、大两镇发动进攻，并掠取了大量的人口和财物。

征服蒙古，统一漠南

宁锦之战的失利，使皇太极意识到明军的防守仍有巨大力量，在短时期内，他是无法攻克辽西的，但不能攻取辽西，便进不了山海关，更

别提夺取北京了。在皇太极忙于解决后金内部矛盾的时候，周边的朝鲜和蒙古蠢蠢欲动，试图趁乱与明朝一同荡平后金。在辽西受阻之后，皇太极决定改变进攻路线，首先扫清前进路上的障碍——蒙古。

明末清初，蒙古分成三大部落：漠北蒙古即外蒙古、漠南蒙古即内蒙古、漠西蒙古即厄鲁特蒙古。漠南蒙古位于明朝和后金的中间，曾经和明朝签订一同抵御后金的盟约。漠南蒙古察哈尔部的林丹汗是元太祖成吉思汗的后裔，每年接受明朝廷给的大量"岁赏"，同后金对抗。后金为对抗明朝，必须先征抚察哈尔林丹汗。

皇太极一方面屡派使者，招诱巴林等部归附，另一方面，集中兵力对付察哈尔部林丹汗。后金天聪六年（公元1632年）四月初一，皇太极率军离沈阳，西征林丹汗，适值辽河水涨，人马浮水而过，两昼夜始渡完。

清代木马车

沿途蒙古各部贝勒纷纷遵奉率兵从征谕旨前来相会，到十二日，来会者有喀喇沁、土默特、喀喇车里克、伊苏忒、扎鲁特、敖汉、奈曼、阿禄、巴林、科尔沁等部及北边蒙古诸部等数十位贝勒，均献酒献马，汗设大宴相待。四月十六日，皇太极召集各贝勒，嘉奖踊跃遵命之贝勒，训斥怠缓之人。皇太极谕："朕以察哈尔不道，整旅往征，先期谕令尔等率本部兵来会。今尔等所领之兵，多寡不齐，迟速亦异，惟科尔沁部土谢图额驸奥巴率来军士甚多，又不惜所蓄马匹，散给部众，疾驰来会"，"足见立心诚恳，忧乐相同，朕甚嘉之"。至于舅舅吴克善的行动，则使"朕心不甚欢乐"。扎鲁特部诸贝勒，"尚属实心效力"，敖汉、奈曼诸贝勒，亦"较优，然也未为尽善"。巴林诸贝勒似尚畏惧察哈尔，且"吝惜马匹，怠缓不前"，阿禄诸贝勒"深受林丹汗之欺凌，乃此次并不思仗朕之力以复仇，而不多发兵马"，"仅以一旅之师勉强应命"，"应俟班师日议罪"。各贝勒皆叩首受命。这次训谕，对激励和鞭策蒙古踊跃从征，起了很大作用。四月二十二日，大军过兴安岭，行军已达1300多里（从沈阳算起）。但是，连一个察哈尔人也未看到，原来镶黄旗固山额真达尔哈家的两名旧蒙古人，于十八日夜间潜盗良马6匹，飞奔察哈尔，通知后金兵大举来攻。林丹汗连夜逃遁。

一些蒙古人逃入明境沙河堡，皇太极致书堡中明将，索取逃人，称："我北征察哈尔，穷追四十一日，擒其哨卒讯之，云已星夜逃去"，"我欲收其部民，因还兵克归化城"，"近闻察哈尔所遗人畜财物，为尔等收留，当一一归还于我。否则，自取祸患。"明将大惊，立即送还逃入蒙古及欲赏与林丹汗之财物，计有男妇320名、牲畜1000余及所赏紬缎布帛6000余匹。宣府守将亦将犒赏察哈尔汗所财物存在张家口者，全部献出，计缎布及虎豹狐獭等皮共12500匹（张）。明宣府巡抚、总兵又遵金汗谕旨，议和通市，赠献黄金、白银、蟒缎、布匹、茶叶数千（匹、两、包）。六月二十四日，大军扎营于张家口外喀喇把尔噶孙，"列三十营，联络四十里"。分略各路大兵，"所至村堡，悉焚其庐舍，弃其粮糗，各籍所俘获，以闻于上，共计人口牲畜十万有余"。

天聪八年（公元1934年）正月，皇太极借外藩蒙古科尔沁、敖汉、阿禄、喀喇沁、奈曼、四子部落等部贝勒来朝的机会，具体定其法例。他谕告诸贝勒："尔蒙古诸部落，向因法制未备，陋习不除"，今与诸贝勒约定：凡贝勒夺有夫之妇配与他人者，罚马五十匹、驼五只，其纳妇之人，罚七九之数，给予原夫。奸有夫之妇，投别贝勒者，男妇俱论死，取其妻子牲畜，尽给原夫，如贝勒不执送，罚贝勒马五十匹、驼五只。盔甲、绵甲、马鬃尾无牌印，以及盔缨、鬃缨、鬃幅不遵金国制度者，俱罪之。

同年十月，遣使者阿什达尔汉前往蒙古，在硕翁科尔大会敖汉、奈曼、巴林、扎鲁特、吴喇忒、喀喇沁、土默特、塔赖各部管事大小诸贝勒，分定各部地界，严禁各部互相侵越。

天聪九年（公元1635年）正月，蒙古的牧羊人发现一只三天不吃草的羊，用蹄子老刨同一个地方，牧羊人在羊刨的地方挖出一块玉玺，上有汉文篆字"制诰之宝"。据说，这是汉朝传下来的是传国玉玺，元顺帝北逃时带走，后来就不知踪影。

随后，皇太极命多尔衮等统军三征察哈尔部。多尔衮等师至黄河以西托里图地方，遇到林丹汗遗孀苏泰太后及其子额哲大营。苏泰太后是叶赫贝勒金台什的孙女，金台什同皇太极则是姑表兄弟。这次出兵，多尔衮将苏泰太后之弟南褚带在行营中。他将南褚派往苏泰太后营帐，去见其姐苏泰太后及外甥额哲。苏泰太后恸哭而出，与其弟抱见。额哲率部归降，献上传国玉玺。皇太极大喜，认为这是"一统万年之瑞"的天赐之宝。

林丹汗有遗孀"八大福晋"，分别代表着八支力量。为了妥善安置这些蒙古部落，皇太极娶了囊囊福晋和窦土门福晋，郑亲王济尔哈朗娶了苏泰太后，长子豪格娶了伯奇福晋，七兄阿巴泰娶了俄尔哲图福晋。此外，二兄代善娶了林丹汗之妹泰松公主，皇太极的女儿马喀塔下嫁林丹汗的儿子额哲，多尔衮娶了窦土门福晋的蒙古养女（一说是林丹汗的遗腹女），等等。后金宗室同察哈尔部联姻，从而构成错综复杂的姻盟关系。

清朝官服

　　天聪九年（公元1635年）二月，又编审内外喀喇沁蒙古壮丁，除盲人及手足残废者外，年60岁以下、18岁以上，俱照例编审，共编壮丁16953名，其中喀喇沁左翼旗、喀喇沁右翼旗、土默特三旗壮丁共9123名，仍隶于满洲八旗之内，另外7830丁，加上旧蒙古，正式编立蒙古八旗，分由阿代、达赖、恩格图、布彦代、伊拜、苏纳、吴赖、扈什布等八人为固山额真，各旗均设梅勒章京、甲喇章京各二员。漠南蒙古各部的统一及蒙古八旗的编立，为金国扩大了兵源，增加了兵马，加强了满蒙联盟，消除了来自北方的威胁，对金国的巩固和强大，以及对明国的征讨，均起了重大作用，从此以后，金国汗便可全力攻明了。

　　漠南蒙古（今内蒙古）处于明与后金之间，其内部又分为察哈尔、喀尔喀等许多部，对明与后金来说它们的向背都至关重要。皇太极针对各部对后金的不同态度，分别采取了不同的政策。科尔沁部早在努尔哈赤时期便已归附后金，皇太极继位后便继续采取笼络政策。喀尔喀部又包括札鲁特、巴林、敖汉、奈曼等五小部，它们对后金的态度不时反复，时服时叛，皇太极对它们采取软硬兼施的政策。

　　天命十一年（公元1626年）十月，皇太极继位不到两个月，就派代善等人率一万精骑前往该部对札鲁特部进行讨伐，并遣副将率兵袭击巴林，两军攻敌不备，因而均大获全胜。不久，因受到察哈尔部的进攻，札鲁特与巴林部举部北投科尔沁。第二年，又分别从科尔沁部出来归附后金。天聪元年（公元1627年）五月，迫于察哈尔兵威，喀尔喀五部中的敖汉与奈曼西部又举部归附了后金。这样，由于蒙古诸部的内部纷争和后金的军事压力，喀尔喀部大部分都投降了后金。天聪二年（公元1628年）二月中旬，皇太极率精骑向察哈尔所属多罗特部落发动袭击，并俘获人口11200余人。后金第一次出兵，便大获全胜。

皇太极深知，只靠几次征剿和随从效力，并不能使各部蒙古长期归顺于己，也不能仅仅依靠盟誓，而须以武力做后盾，用制度、法令来约束各部，使他们听从金汗统辖和指挥。天聪三年（公元1629年）正月，他颁敕谕于科尔沁、敖汉、奈曼、喀尔喀，喀喇沁，"令悉遵我朝制度"。三月，他又遣使臣赍敕，"谕归顺各部蒙古诸贝勒，申定军令"，规定凡遇出师之时，宜踊跃争赴，协力同心，不得迟期。若征察哈尔，凡管旗之诸贝勒，年70以下13以上，俱须从征，违者，罚马100匹驼十头。迟三日不至约会之地，罚马10匹。若征明国，每旗大贝勒一员、台吉二员，率精兵百人从征，违者，罚马1000匹、驼100头。于相约会集之地掳掠者，罚马100匹、驼10头。

这样，皇太极通过前后三次对察哈尔的用兵，采取"慑之以兵，怀之以德"的谋略，通过军事、政治和姻盟等手段，征服了蒙古察哈尔部。漠南蒙古，归于一统。从此，西面的威胁解除了，昔日的敌人成了共同抗明的盟友。后金不但获得了大量兵源，而且打开了由山海关以西向明发动进攻的通道。

兵锋东指，两征朝鲜

　　向东用兵，两征朝鲜，也是皇太极开拓疆域的一步棋。当时，明朝对付后金，有两个帮手。右翼是朝鲜，左翼是蒙古，两方面来牵制后金。皇太极要对付明朝，要切断明朝，左右两翼。

　　当时，朝鲜是明朝的属邦，同时又因为他们深受儒学的影响，所以朝鲜政府一直嫉为蛮夷、野人或是虏贼。无论努尔哈赤在世时对他们如何拉拢，甚至对萨尔浒山大战中被俘的朝鲜将官"待以宾礼，五日一小宴，十日一大宴"，朝鲜始终不肯背弃明朝这个"君父之国"，与后金建立正式关系。同时由于后金与朝鲜仅一水之隔，边界的问题也很多，如两国百姓越界采参、捕兽，常起冲突。辽东土地被后金取得后，大量汉人逃亡朝鲜，并由朝鲜转往中原。这种"逃人"在后金贵族的观念中，奴隶的逃跑无异是财富的丧失，很令后金不满。贸易问题也是双方另外的一个冲突焦点，后金被明朝封锁，物资非常缺乏，希望朝鲜能适时供应。朝鲜则以不能违反"父国"明朝的法令，碍难照办；而边界上的私商交易，经常高抬物价，以劣充优，这些做法，颇令后金气愤。而朝鲜拨土地、供粮食，让明朝将军毛文龙驻军在皮岛，牵制后金军事行动，收容逃亡的辽东军民，并不时出兵偷袭后金，成为后金南向明朝的最大后顾之忧。可是朝鲜国王李保则对毛文龙说："寡人与贵镇，事同一家，肝胆相照。"根本没有把后金视为重要的邻邦。

后金八旗的将领们都有一种共识："毛文龙之患，当速灭耳，文龙一日不灭，则奸叛一日不息，良民一日不宁。"毛文龙也对明朝皇帝说过："奴酋之恨臣掣尾，每转恨于朝鲜之假地。"由此可知：后金攻打朝鲜，消灭毛文龙是势在必行的。皇太极继位后，又多了一些出兵的理由：努尔哈赤死亡，明朝都"遣使来吊，兼贺新君即位"。而朝鲜"竟不遣一使吊问"，实在有违情理。另外，朝鲜发生内乱，先是武将李适、韩明琏逼君主光海君退位，拥其侄为国王。后来李适与韩明琏又起内讧，李适被杀，韩明琏子韩润等逃入后金，愿为向导，请八旗长官挥兵征讨。后金众大贝勒都以时机难得，决意征讨朝鲜。其时正值与明朝袁崇焕议和，因而明方不致兴兵，而后金国内灾荒严重，"斗米价银八两，人相食"。在这种种因素下，为了切断明朝的右翼朝鲜，皇太极两次对朝鲜用兵。

第一次是天聪元年（公元1627年）正月，皇太极命大贝勒阿敏、贝勒济尔哈朗、阿济格等统率3万军队东征朝鲜，在朝鲜土地上点燃了战火。

临行前，皇太极还特别声明：此行既要问罪朝鲜，又有征剿毛文龙的重大任务，希望大军能一战取胜。正月十四日，后金兵渡鸭绿江，进逼朝鲜义州城，城内明兵1万，朝鲜兵2万。可是后金兵先以韩润化装入城，作为内应，而守城节度使李莞醉酒，士兵军心不振，营伍废弛，加上八旗军的勇猛，因而很快地攻陷了城池，据说这一仗"数万民兵，屠戮无遗"。毛文龙因天冷移驻皮岛，逃过一劫。阿敏与济尔哈朗乘战胜余威，合兵东进，直逼定州，攻克之，守城的文武官员非降即死。其后郭山等城也被后金兵攻破，八旗兵进展迅速，真如破竹之势。阿敏于是又带兵渡江攻安州，由于朝鲜守军"只知战与死而已"，安州发生激战，后金"万骑骈进，云屯雷击，城中炮射，一时俱发。坠骑落壕，死者山积"。最后朝鲜兵还是因为"孤立无援，城陷人亡"。后金兵也损失很重，阿敏遂决定"驻军安州，息马四日"。正月二十五日，八旗兵再出发，次日抵达朝鲜旧京城汉城，"城中巡抚、总兵以下各官及兵民等，皆弃城走"，阿敏等未遇抵抗，即取得汉城。随即八旗大军渡大同江，于二十七日抵中和，阿敏派人与朝鲜中央联络，试探谈和的可能性。

朝鲜国王弃京城，带着妻子逃到了江华岛，虽召开廷臣紧急会议，但主和、主战双方争论不休。军队想用拦截战略阻断后金来兵，但终未能实行。另外也想到请明朝派兵援助，但明朝当时也无能为力，袁崇焕确应毛文龙派兵，并进逼三岔河岸以牵制后金，同时又致书皇太极，促"急撤犯鲜之兵"，但几乎没有效果。结果李朝统治集团的贵族高官们，为了自保身家性命，"或入海岛，或上山城，或称扈卫，皆占便安自全之地"，先行逃跑了。阿敏驻军中和时，已与朝鲜国王有书信往来，但不得要领。二月初二日，阿敏再致书提出议和具体条件，包括要朝鲜断绝与明朝的关系，尊后金为兄，"告天盟誓，永为兄弟之国"。三天之后，阿敏见朝鲜提出先退兵的要求，于是便再发动军事行动，率兵占领了黄州。朝鲜国王无奈，只好遣使来谈判，阿敏则改和谈条件为三项：一割地，二捉毛文龙，三借兵万，助伐明朝。当然这些都是朝鲜国王不能答应的，阿敏因而再进兵南下，在距江华岛百里外的平山扎营。这时朝鲜国王一面携王妃、子女逃到了江华岛，一面再派出重臣求见阿敏议和。阿敏了解如果不以大兵压境王京汉城，朝鲜国王很难就范，于是命令大军前进，直趋汉城。在兵威恫吓下，朝鲜国王终于备厚

谋取神州

清朝开国奇谋

礼与阿敏的代表议和了。

当时后金提出三大要求是：一、永绝明朝；二、去明年号；三、告天盟誓。朝鲜对于与明朝断绝关系认为万万不可。去明朝年号事也视事情或可"不书年号"。告天盟誓因朝鲜国王正在居丧期间，不能杀生，后来双方妥协其焚香、宰牲可不必参与。永绝明朝最后也得到后金让步，"不必得要"。由于双方都有停战之意，江华岛的"江都盟约"终于缔结。三月，阿敏和朝鲜在江华岛杀白马黑牛，焚香盟誓，定下"兄弟之盟"。

阿敏认为这份盟约便宜了朝鲜，因为他自己未参与盟誓，因而他不予承认，并与岳托等贝勒发生不和与争论。最后他命令"八旗将士，分路纵掠三日，财物人畜，悉行驱载，至汉城城驻营"，要求与朝鲜重订盟约。本来按照"江都盟约"，后金应该在告天盟誓后退兵的；可是阿敏却违约不撤兵，反而纵兵抢劫，并要求重订新约。朝鲜王无可奈何，只好派王弟其去汉城，于三月十八日再与阿敏重开谈判。后来阿敏与其杀白马乌牛，设酒、肉、骨、血、土等物，按女真旧俗，焚香告天，再缔和约，称为"汉城之盟"。"汉城之盟"与"江都盟约"不同处是阿敏在誓文里规定朝鲜要按时送礼，对后金之尊敬应与明朝相同，不得对后金怀恶意或兴兵；不得接纳逃人，据为己有等等。很明显这已经不是平等的盟约，也不是兄弟之邦，而要朝鲜对后金像对明朝一样的尊敬一事，实际上已有降朝鲜为属邦的意味了。

后金对朝鲜战争的胜利，从纳贡和开市中获得了一定的物资利益，但更重要的是，这次胜利破坏了朝鲜与明朝的同盟关系，解除了后顾之忧。在与朝鲜签订"兄弟之盟"后，皇太极将军事触角伸向了明朝的辽西地区，以实现他一统天下的宏图。

蒙古、朝鲜臣服后，东方、西方的牵制势力都已经扫清。不仅如此，皇太极还在崇德年间，皇太极两次发兵索伦，征讨博穆博果尔。皇太极兵锋直指黑龙江上游、中游和下游地域。皇太极的策略是：慑之以兵，怀之以德。达斡尔头人巴尔达齐居住在精奇里江（今结雅河）多科屯。皇太极将宗室女儿嫁给巴尔达齐，他成了皇太极的额驸。不久，索伦部的许多首领相继到沈阳朝贡，表示归顺。崇德年间，皇太极两次发兵索伦，征讨博穆博果尔。双方在黑龙江上游雅克萨、呼玛尔等地遭遇，经过激战，清军获胜，但损失很大。博穆博果尔率余部北逃。皇太极采用"声南击北"的计谋，预先埋伏蒙古骑兵截其逃路，将率众逃到齐洛台的博穆博果尔擒获。皇太极征抚并用，以抚为主，终于使贝加尔湖以东、外兴安岭以南、乌苏里江至鄂霍次克海的广阔地域归属于清朝的统治。

皇太极在消除了东、西、北三个方面的威胁之后，便开始全力向南部的明朝发动。

五次远征，深入腹地

皇太极精心运筹，使得四向拓疆的计划取得了巨大的进展。在征服蒙古、朝鲜和索伦之后，皇太极便开始向明朝大肆进军。在这次的进军过程中，皇太极共发动了五次远征，给明朝一沉重的打击，同时自身的实力也迅速增强。

第一次是天聪三年（公元1629年），这一年由危转安的后金国，正处在前进路上的重要关头。此时，攻朝鲜已收大功，一征林丹汗初战告捷，奈曼等部陆续来归，国内经济有所好转。攻明固然可获大利，但困难不小，风险也大。

同年十月十五日，大军到达辽河，立营，蒙古科尔沁部、扎鲁特部、奈曼、巴林、敖汉等部数十贝勒相继率兵来会。皇太极召集八旗诸贝勒大臣及外藩蒙古贝勒，商议向谁用兵。他说：明国屡背盟誓，察哈尔残虐无道，皆当征讨，"今大兵既集，所向宜何先，尔等其共议之"。与会者有的认为："距察哈尔辽远，人马劳苦，宜退兵"。有的说："大军已动，群力已合，我军千里而来，宜以见集兵征明"。皇太极认为应当征明，遂统大军向明境前进。

十月二十日，大军抵达喀喇沁部的青城。大贝勒代善、二贝勒莽古尔泰在行进途中秘密相议，晚上进入皇太极的御帐，"止诸贝勒大臣于外，不令入，密议班师"。代善、莽古尔泰提出退兵的根据是，攻明太危险了。劳师远袭，若不能进入明边，则粮匮马乏，欲归不得。纵使入边，明朝会合各路兵马围攻，则寡不敌众，且恐明兵自后堵截，断绝归路。代善、莽古尔泰反对远征，使皇太极十分为难。第一，两人所论，并非毫无根据。当时金军大约5万余人，而明朝仅山海关内外就驻军10余万，北京官兵数十万，再加上宣府、大同、山西、蓟州、永平、密云、昌平、易州等镇官兵，总数超过金兵十几倍，确是代善所说，众寡悬殊。3年前，努尔哈赤统军13万进攻宁远，败于不到两万人的明朝守兵。两年前，皇太极又率兵五六万，再攻宁远及锦州，又未获胜，将士死伤甚多。如今想以五六万之众，越边飞袭，千里远征，胜负实难预料，很可能是再次失利，那时将欲归无路。此论一传，八旗贝勒大臣之中，定会有不少附从之人，军心一动，战难必胜。第二，代善、莽古尔泰非等闲之辈，亦不是纸上谈兵之人。他们早年从征，攻抚顺，战萨尔浒，取开、铁，据辽、沈，入广宁，身经百战，军功累累，代善还是具体指挥萨尔浒战役的三军统帅，他们的意见不能轻易置之不理。更使皇太极为难的是，他们是大贝勒，后金军政大事是由他们与二贝勒阿敏及皇太极共同议处的，此时阿敏留镇沈阳，则全军由他们与皇太极共同统率面对这样的结果，皇太极是无可奈何的。因此，尽管皇太极高瞻远瞩，雄才大略，决心冒险远征，彻底扭转战局，但面对大贝勒代善、三贝勒莽古尔泰的反对，也不得不被迫服从其议，表示退兵。

代善、莽古尔泰见事已定，遂各回己营。守在帐前等候消息的岳托、济尔哈朗、萨哈廉、阿巴泰、阿济格、豪格等贝勒方进入帐中，见皇太极闷闷不乐，沉默无言，岳托问道：汗与两位大贝勒所议何事，请告，今诸将皆集于外，等待汗谕。皇太极十分失意地说："可令诸将归帐，我谋既不成，何必等待"。又命文臣将欲发军令不必宣布。岳托等惊问何故。汗密谕：大贝勒恐深入遇险，要撤军回辽，"固执不从"。岳讬等贝勒劝汗决计进取，于是令八固山额真至代善、莽古尔泰处商议，代善、莽古尔泰表示不坚持己见。议至子时，方定前进征明。

皇太极总结了前两次战争的教训，认为"山海关、锦州防守甚坚，徒劳我师，攻之何益！惟当深入内地，攻其无备城邑"，决定绕过坚固的宁锦防线，从明朝防守松懈的喜峰口突入塞内。大军一分为三，分别从大安口、龙井关、洪山口攻入明边，于十月三十日会师于遵化城下，十一月初三日克城，随即急速向北京推进。金军势如破竹，下蓟州，越三河，略顺义，破通州，二十日进逼燕都。后袁崇焕被杀，皇太极便统军猛攻明军，先后击杀明勇将武经略满桂、副将孙祖寿等人，擒获总兵黑云龙等将，纵掠畿内，连下迁安、滦州、永平、遵化、固安、香河等州县，屡败明兵，留兵驻守遵化、永平、迁安、滦州四城，于后金天聪四年（公元1630年）三月初二日返回沈阳。此战被明人称为"己巳之役"（己巳为金天聪三年、明崇祯二年的干支年号），历时五月余，后金兵第一次突破长城，进入明境，势如破竹，席卷长驱，千里奔袭，直抵北京城下，讨斩杀、擒获、逼死明督师、经略、总兵、副将、巡抚多人，"每战必胜，每攻必克"，取得了完全的成功，从此开始了后金掌握主动权、明朝步步败退的新阶段。

　　第二次是天聪八年（公元1634年），皇太极向明朝的宣府、大同一带用兵，同时接收蒙古察哈尔部的余下部众。天聪八年（公元1634年）五月二日，皇太极亲统大军由沈阳出发西行，一路上所遇到的察哈尔余众纷纷望风归附。后金军队在大约经过一个多月的行军后，进抵到了宣、大边外。明军开始时对后金的这一进军全然不知，直到对方兵临边境时才知道问题的严重性，但已经迟了。皇太极指挥后金军队分四路突入明境，对明朝的宣府、大同、应州（今山西省应县）、朔州（今山西省朔州市）等地肆行掳掠。在这一次入关之战中，皇太极吸取了上次的教训，没有把主要精力放在攻城略地上，因为夺城攻坚必须付出较大代价，而且攻下了也难以守住。因此，这一次他便采取了转战驱驰、灵活机动，旨在消灭对方有生力量的战略方针，同时大肆抢掠财物。此次入关，后金军队一共在宣、大一带肆虐了50余日，杀戮军民，毁坏庄稼，攻城占地，俘掠人畜。明朝见宣、大一带的边防守军不堪一击，便连忙从山海关和宁远调来两万精兵分道驰援，但也没有用。天聪八年（公元1634年）闰八月，在目的已经达到的情况下，皇太极率军出塞。同年九月，后金军队返抵沈阳。

此战又被称为"入口之战"，是皇太极假道蒙古打击明朝的又一次成功的尝试。

第三次是清崇德元年（公元1636年），这一年皇太极正式由汗改称皇帝，改国号大清，族名满洲。崇德元年五月二十七日，皇太极已出师征明。御翔凤阁，召睿亲王多尔衮、豫亲王多铎、肃亲王豪格、成亲王岳托及出征主帅英郡王阿济格和文武大臣，晓谕用兵事宜，要求诸将公议而行，城池能克则取，不能取则不取，所掠人畜，不许争抢，平均分取，师行宜速勿缓，"彼处汉人，若出城野战，破之甚易"。即此战主要为掠取人畜财物，残破明地，不在于攻克坚城。五月三十日，阿济格率大军从沈阳出发。六月二十七日，清军分三路经由独石口（在今河北省赤城北）进入明边境。

七月五日，三路清军在延庆州（今北京延庆县）会师，七月五日会师于京畿延庆州，连败明军，俘获人畜15000余。然后在一路突入居庸关，攻占昌平，纵火焚毁明德陵（明熹宗陵）后，战旗直指北京城。明崇祯帝急令京城戒严，重兵防守紫荆关等处，力图阻止清军从山西而来由西山进京。阿济格却出乎明朝所料，竟不走山西，而经延庆入居庸关，逼近西山，移屯沙河、清河，随即连续进攻或攻克宝坻、定兴、昌平、房山、涿州、固安、文安、永清、漷县（通县）、遂安、雄县、安州、定州、香河、顺义。最后，趋京城北，至怀柔、大安，分屯密云、平谷，遍蹂畿内，九月初一出冷口而还。清军将士获胜欢欣，"俱艳饰乘骑，奏乐凯归"，还砍塞上柏树大书："各官免送"，扔于道上，嘲弄明将吏胆怯畏战。明军督师兵部尚书张凤翼、宣大总督梁廷栋，身负重任，拥兵10余万，却畏缩不前，不敢迎战，屡遭言官弹劾，日服大黄药求死，致上行下效，将多闭城不出，或待清军归时，尾随相"送"，腐朽衰弱，不堪一击。清军非常得意，为嘲弄明军，在回师所经的路旁扔下写有"各官免送"字样的木牌。明朝各路援军一直等到清军远去之后才装模作样地率军出关，然后以斩敌首级三颗的战果向明崇祯帝呈报。

九月二十八日，阿济格统军返抵沈阳，皇太极出地载门十里外亲迎。阿济格率众将跪捧献捷表文。皇太极大喜，设宴赏赐将士。这一年的干支纪年是丙子年，故该役又被称为"丙子之役"。

第四次是崇德三年（公元1638年），目的仍是掠夺人畜财物，摧残明朝实力。皇太极派多尔衮率军入关，兵锋直到济南。在长达半年的时间里，多尔衮转战2000余里，攻克济南府城暨3州、55县，获人、畜46万。同年崇祯十一年（公元1638年），皇太极以明廷拒绝议和为由，第四次兴兵南犯。崇德三年（公元1638年）八月二十三日，他命令多尔衮、阿巴泰、豪格统率左翼军，岳托统率右翼军，两路同时出发，向明朝大举发动进攻。

八月二十七日，岳托率右翼军先行，九月二十二日从密云北边墙子岭，毁坏长城，破边墙入边，斩杀明蓟辽总督。多尔衮统军于九月初四离沈阳，二十八日于青山关毁边墙而入，两军在京郊通州会师，然后绕过北京，至涿州，兵分八路向西前进，一路顺太行山，一路沿运河，六路在太行山与黄河之间并进。明崇祯帝大惊，京师戒严，诏天下勤王，以宣大总督卢象昇督天下勤王兵。卢象昇进士出身，胆略过人，善骑射，娴将略，能治军，屡与农民军交锋，因功从大名知府连续擢升，明崇祯九年（后金天聪八年公元1636年），为总督宣太、山西军务。此时奉诏督师，三受尚方剑，誓死抗清。若明崇祯帝能倚卢用兵，事尚可为，然而卢主战，兵部尚书杨嗣昌、总监军太监高起潜顺帝意主和，杨、高两人多方阻挠，使卢之用兵计议无法实现。杨、高并说动皇上，将援兵一分为二，卢象昇督宣府、大同、山西三总兵杨国柱、王朴、虎大威之二万兵，关、宁诸路大军数万皆归高起潜。杨嗣昌进大学士陈新甲为兵部尚书，命大学士刘宇亮督师，又将卢之兵分与陈，卢只剩下残兵5000，保定巡抚张其平还拒不发饷。

卢象昇见危不惊，提饥疲残卒宿野外。他曾任职之大名、广平、顺德三府父老闻悉，齐叩军门请卢转驻广、顺待机克敌，说："明公出万死不顾一生之计为天下先，乃奸臣在内，孤忠见嫉"，"栖迟绝野，一饱无时"，"明公诚从愚计，移军广顺，召集义师。三郡子弟喜公之来，皆以昔非公死贼，今非公死兵，同心戮力，一呼而裹粮从者可十万，孰与只臂无援，立而就死者"。卢象昇感动流泪，泣告父老说：深感父老恩义，然今分疲卒五千，"大敌西冲，援师东隔，事由中制，食尽力穷，且夕死矣，无徒累尔父老为也"。"众号泣雷动，各携床头斗粟饷军，或贻枣一升，曰：公煮为粮"。

十一月，清军攻占高阳，并杀害原兵部尚书、内阁大学士孙承宗全家。十二月十一日，卢领兵至蒿水桥，被清军数万包围，仅距此地五十里之高起潜拥兵数万，拒不应援。"象昇督兵疾战，呼声动天，自辰迄未，炮尽矢穷"，击杀数十人，身中四矢三刃而阵亡。其仆惧清兵残破其尸，而伏其上，背负二十四矢而死，全军尽没。高起潜率部逃走时，入伏大败，从此明军不敢接战，只是远远尾随而行。

清崇德四年（公元1639年）正月，清军进抵山东，并乘济南城当时城防空虚之际攻占济南，俘获明德王朱由枢。随后，清军大军直抵兖州、济宁等地，并先后对这一带的十六处州县发动进攻。明督师大学士刘宇亮尾随清军而行，却不敢向前与之接战。三月，多尔衮率军北上，经天津由青山口出塞。第四次入关之役也就随之结束。此役又被称为"戊寅之役"。

此战，清军扩大了其攻掠的范围，绕过了北京一带，前后转战2000余里，横扫中原大部分地区，在5个多月的时间里，先后进行了数十次规模各异的战斗，并取得了斩杀百余名明军总督以下级别的主要将官，攻占78座城池，俘获47万人口，掠得黄金白银98万余两的战果。而与清军的累累战果成鲜明对照的，则是明朝的惨重损失。不过在此役中清军左翼统帅岳托病逝于济南。对清廷来说，这也是一个沉重的打击。

这次的战争，明仅济南省城，死尸即达13万具，全城财物焚掠一空。自京郊庆都、新乐、真定、栾城、柏乡、内丘，至顺德，行程千里，"一望荆榛，四郊瓦砾"，整个畿南郡邑，"民亡之十九"，中原地区的生产力遭到巨大破坏。

第五次是崇德七年（公元1642年），皇太极令阿巴泰统率约有10万人之多的满、蒙、汉军向明发动进攻，并命令他们："凡遇人口，即行俘之……凡物，见则取之。"十一月初，阿巴泰兵分两路，分别从黄崖口（古北口西段）和界岭口（今河北省迁安与抚宁交界处）进入长城。该役又被称为"壬午之役"。

这个时候，明朝廷也加强对蓟镇、山海关一带的防务，并分设关内、关外两总督，又在昌平、保定置总督。此外，还在顺天、永平、宁远、保定、密云、天津等地设立六巡抚，又在宁远、山海、蓟镇中协、西协、通州、昌平、天津、保定等地设八总兵。千里之内设四督、六抚、八总兵，在明代，这还是第一次。明朝廷的防守不可谓不周密，但是由于清军常常以大军数万从一线进行突破，防守得再严也没有用。

崇德七年（公元1642）二月十八日，清军攻克松山。松山被清军围困已久，崇祯命顺天巡抚杨绳武督师救洪承畴，又派兵部侍郎范志完，皆敛兵不敢出战。副将焦埏赴援，刚出山海关即败。此时全城食尽。副将夏成德乃遣子至清军做人质，与清军相约攻城日期，已为内应。清军至期攻之，城破。巡抚及总兵官等皆死。洪承畴、祖大寿被俘。后二人皆降清。十一月初六日，清兵入蓟州，连破济南、山东州县。当时关内外并建二督，又设二督于昌平、保定。又有宁远、永平、顺天、保定、密云、天津六巡抚。宁远、山海、中协、西协、昌平、通州、天津、保定八总兵。星罗棋布，无地不防，而事权反不一。警报至，急征诸镇入援，清兵已破蓟州，分道南向。河间以南多失守。十二月初八，兖州也被清军攻占，明鲁王被俘自杀。这样，在肆意大掠了一番之后，清军又分两翼返回，其中左翼经青州、德州、沧州、天津卫等地抵达密云，右翼则由东昌出发经太行山以东进抵密云与左翼会师。乐陵、阳信、东原等诸王皆死。至次年四月才北归，俘36900余人，获金1.2万余两，牛马等55万余头，珍宝缎匹8万余。明崇祯十六年（公元1643年）五月，清军陆续由墙子岭出关。

这五次入关之役是皇太极在宁锦阻隔、山海关不通的情况下对明朝进行的旁敲侧击。虽然这五次战争并未能使清的疆城有所扩展，但清军却通过该五役掠夺了大量的财物，从而从军事上、经济上削弱了明朝的实力，并壮大了自己的力量。从而为以后的清兵入关进京作了必要的准备。皇太极五次大规模入关，显示出了超凡的胆识、气魄、谋略。但他多次派兵入关，屠城、杀戮、焚毁、抢掠，也显示出了他的残暴血腥！

借刀杀人，崇焕冤死

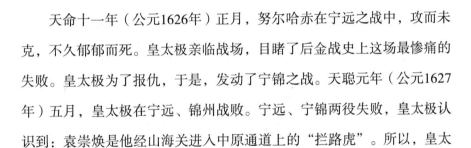

天命十一年（公元1626年）正月，努尔哈赤在宁远之战中，攻而未克，不久郁郁而死。皇太极亲临战场，目睹了后金战史上这场最惨痛的失败。皇太极为了报仇，于是，发动了宁锦之战。天聪元年（公元1627年）五月，皇太极在宁远、锦州战败。宁远、宁锦两役失败，皇太极认识到：袁崇焕是他经山海关进入中原通道上的"拦路虎"。所以，皇太极用了一计：绕道山海关，攻打北京城；调动袁崇焕"勤王"，实施"反间计"，除掉袁崇焕。

袁崇焕（公元1584年～1630年），字元素，号自如，广东东莞家人，祖籍广西梧州。明朝杰出的军事家、政治家和文学家。明天启二年（公元1622年），任兵部职方司主事。同年单骑出关考察关外，还京后自请守卫辽东。筑古宁远城今辽宁兴城卫戍。天启六年（公元1626年）清太祖努尔哈赤攻宁远城，受炮伤而死，袁崇焕升至辽东巡抚，终因不附魏忠贤，被其党所劾去职。明熹宗崩，明思宗即位，魏忠贤被诛。朝臣纷请召袁崇焕还朝。袁崇祯元年（公元1628年）任命袁崇焕为兵部尚书兼右副都御史，督师蓟、辽，兼督登、莱、天津军务。七月，明思宗召见袁崇焕。袁崇焕慷慨陈词，计划以五年复辽，并疏陈方略，皇帝大喜，赐袁崇焕尚方宝剑，在复辽前提下，可以便宜行事。崇祯二年（公元1629年），袁崇焕与内阁辅臣钱龙锡谈到平辽事宜，认为毛文龙"可用则用之，不可用则杀之"，主张"先从东江做起"，集中精力对付毛文龙。后袁崇焕于七月二十四日借口阅兵设计毛文龙，当众宣布毛文龙十二大罪状，以尚方宝剑斩文龙于皮岛。这件事使得崇祯帝心有不悦。

袁崇焕击败皇太极，获得宁锦大捷后，上奏明崇祯帝，说山海关一带防务，巩固，已不足虑，但蓟门单弱，须防敌人从西路进攻。朝廷没有多加理会，他再上第二道、第三道奏章。崇祯下旨交由部科商议办理，但始终迁延不行。天聪三年（公元1629年）十月，后金军果然大举从西路入犯，避开山海关，绕道内蒙古，进攻北京城，这一切都在袁崇焕预料中。

明朝初年为防备蒙古人，对北方边防全力注意，修筑长城，设立辽东、蓟州、宣府、大同、太原、陕西、延绥、宁夏、甘肃九大边防军区，即所谓"九边"。东起鸭绿江，西至酒泉，绵延数千里中，一堡一寨都分兵驻守。但后来注意力集中于辽东，其他八镇的防务就废弛了。明太祖本来建都南京，成祖因为在北京起家，将都城迁过去。在中国整个地形上，北京偏于东北，和财富来源的东南相距甚远。最不利的是，北京离长城只有100多里，敌军一破长城，快马半天，就兵临城下。金元两朝以北京为首都，因为它们是来自北方的游牧民族，不敢深入中原，如果有变，就可以立刻转身逃回本土。明朝的情况却不一样。明成祖对蒙古采取攻势，建都北京就是为了便于进攻，后来明朝中后期，兵力衰弱，北京地势上的弱点就暴露出来了。

这次，当明帝得知后金军将要攻打北京城的时候，飞诏各镇勤王，命各路援兵均听兵部尚书、蓟辽督师袁崇焕调度。

袁崇焕在同年十月二十八日得讯，立即兵分两路，北路派镇守山海关的赵率教带骑兵4000西上堵截。他自己率同祖大寿、何可纲等大将从南路西去保卫北京。沿途所经抚宁、永平、迁安、丰润、玉田诸地，都留兵布防，准备截断后金兵的归路。明崇祯皇帝正在惶急万状之际，听得袁崇焕来援，自然是喜从天降。袁崇焕部十一月初赶到蓟州，接近三天与后金兵在马升桥等要隘遭遇，每一仗都胜了，后金军半夜里退兵。但北路援军却遭到了重大挫败。赵率教急驰西援，在遵化城外大战，被后金军阿济格所部的左路军包围歼灭，赵率教中箭阵亡。遵化陷落，巡抚自杀。清军越三河，略顺义，至通州，渡河，进军牧马厂，攻向北京。袁崇焕两日两夜急行军300余里，比清军早到两天，驻军于北京广渠门外。袁崇焕一到，崇祯帝立即召见，大加慰劳，袁崇焕以士马疲劳，要求入城休息。但崇祯帝心中颇有疑忌，不许部队入城。袁崇焕要求屯兵外城，崇祯帝也不准，一定要他们在城外作战。后金兵侦知袁军已到，大惊失色，想不到袁崇焕如此神速。

袁崇焕驻兵在北京广渠门外，兵无粮，马无草，白天作战，夜间露宿。二十日，两军在广渠门外大战。袁崇焕亲自上阵督战。从上午八时打到下午四时，胜负不决。打到傍晚，后金兵终于不支败退，退了10余里。袁军直追杀到运河边上。这场血战，后金军劲旅阿巴泰、阿济格、思格尔三部都被击溃，袁崇焕也中箭受伤。袁崇焕连获广渠门和左安门两捷，京师转危为安。袁崇焕知道这是侥幸获胜，在军事上并不可取，尤其在京城外打仗，更不能侥幸。他对部属说："按照兵法，侥幸得胜，比打败仗还要不得。"崇祯帝见清兵没有远退，不断催促袁崇焕出战。袁崇焕说，估计关宁步兵全军于十二月初三、初四可到。一等大军到达，就可决战。袁崇焕的意思是，大军在城外坚守，派游军截断清兵粮道，焚烧后金兵粮草，再派兵占领长城各处要隘，使清兵没有退路，然后与清兵持久对抗。这是一条非常正确的战略。

后金兵于十一月二十七日退到南海子，许多人说清兵是他引来的，目的在"胁和"，使皇帝不得不接受他一向所主张的和议。于是有人在城头向城下的袁部骑兵抛掷石头，骂他们是"汉奸兵"。

就在这时候，后金兵捉到两名明官派在城外负责养马的太监，一个叫杨春，一个叫王成德。皇太极设下反间计，指令副将高鸿中、参将鲍承先巧妙地让被俘太监杨春"偷听"到袁崇焕与其有密约，欲为内应的谈话，再放跑杨春。高、鲍是投降后金的汉人。鲍承先与高鸿中二人依照皇太极所授的密计，大声"耳语"，互相说："这次撤兵，并不是我们打了败仗，那是皇上的妙计。皇上单独骑了马逼近敌人，敌人军中有两名军官过来，参见皇上，商量了好久，那两名军官就回去了。皇上和袁督师已有密约，大事不久就可成功。"这两名太监睡在旁边，将两人的话都听得清清楚楚。十一月三十日，皇太极命看守者假意疏忽，让杨春逃回北京。杨春回京后，密告崇祯帝朱由检。崇祯帝早就因袁崇焕曾与金有过吊丧议和之事及擅杀东江镇总兵毛文龙，而颇为恼怒。先前有民谣："投了袁崇焕，鞑子跑一半。"民众竟然认为要赶跑满兵，必须先逮捕袁崇焕。这些舆论，自然传到了崇祯帝耳里，现在，太监的话更加深了他的疑虑。

十二月初一，崇祯帝以议军饷为名，命袁崇焕到紫禁城。当时，北京城戒严，九门紧闭。袁崇焕和祖大寿坐在筐里，被人吊到城上。袁崇焕到了紫禁城平台，崇祯帝并未议饷，而是下令将他逮捕，下锦衣卫狱。祖大寿眼见之下，手足无措，出北京城后等了三天，见袁崇焕没有获释，与何可纲惊怒交集，立即带部队回锦州去了。正在兼程南下赴援的袁部主力部队，在途中得悉主师无罪被捕，当然也就掉头而回。崇祯见祖大寿带领精兵走了，不理北京防务，忙派内阁全体大学士与九卿到狱中，要袁崇焕写信招祖大寿回来。袁崇焕心中不服，不肯写，但最后想到"以国家为重"，写了一封极诚恳的信，要祖大寿回兵防守北京。这时候祖大寿已冲出山海关北去，崇祯帝派人飞骑追去送信。追到军前，袁部将士怒不可遏，祖大寿军中喝令放箭，送信的人大叫："我奉袁督师之命，送信来给祖总兵，不是朝廷追兵。"使者递过信去。祖大寿读后，下马捧信大哭。祖大寿对母亲很孝顺，他母亲又很勇敢，儿子行军打仗，80多岁的老太太常常跟着部队。这时她劝儿子说："本来以为督师已经死了，咱们才反出关来，谢天谢地，原来督师并没有死。你打几个胜仗，再去求皇上赦免督军，皇上就会答允。现今这样反了出去，只会加重督师的罪名。"祖大寿觉得母亲说的很对，当即回师入关，和后金兵作接战，收复永平、遵化一带，切断了后金兵的两条重要退路。

这时祖大寿、何可纲等得到袁崇焕狱中手书，又回兵来救。皇太极对袁部毕竟忌惮，感到后路受到严重的威胁，于是并不进攻北京，反而写了两封议和的信送到北京，然后取道冷口而还辽东。

8个月后，崇祯帝以"通虏谋叛"等罪，将袁崇焕处以磔刑，籍没家产，兄弟、妻子流放三千里。

袁崇焕伏刑之惨情，令人毛骨悚然，当时北京百姓都相信袁通敌，恨之入骨，"刽子手割一块肉，百姓付钱，取之生食。顷间肉已沽清。再开膛出五脏，截寸而沽。百姓买得，和烧酒生吞，血流齿颊"。这个记载，未必可靠。但说明当时京城上下都中了皇太极的"反间计"，误认为袁崇焕"通敌"。后来清兵入关以后，定鼎中原，开始修明史，到了袁崇焕的传记时，把这个计谋大白于天下，乾隆皇帝给袁崇焕平了反。这个反间计没有用一兵一卒，也没有放一箭一炮，就让崇祯皇帝"自毁长城"。

皇太极的反间计能够成功，也与崇祯帝的少不更事有关。当后金兵围城时，崇祯帝张皇失措，不单表现在将袁崇焕下狱一事上。他认为兵部尚书王洽处置事情不善，下狱。围城时一切混乱，监狱中的囚犯乘机大举越狱，于是刑部尚书和侍郎也被下狱。崇祯又"发觉"北京的城墙不够坚固，于是将工部尚书和工部几名郎中一起在朝廷上各打80棍再下狱。三个郎中两个年老，一个体弱，都在殿上被当场活活打死了。

《明史·袁崇焕传》说："自崇焕死，边事益无人，明亡征决矣！"皇太极巧施反间计，除掉了一个劲敌，也为后来的战争扫清了又一个障碍。

第八章
君临天下，神州一统

　　在皇太极登基之初，后金实行的还是努尔哈赤留下的八大贝勒共治国政的制度。然而，此时的皇太极对权力有着更加强烈的渴望，希望南面独尊。对了达到这个目的，他又攻占了松锦，为自己的帝业奠定了基础，并实现了君临天下的宏愿。然而，就在他想进一步扩展统一大业之时，却骤然去世。他的入主中原，统一九州的大业，最终由他的儿子顺治帝完成。

集中权力，南面独尊

努尔哈赤死后，留给后金的是八大贝勒共治国政的格局。皇太极继位后，和代善、莽古尔泰、阿敏三大贝勒共理朝政。皇太极空有一个"汗"的名，却没有"汗"的权力。后金的一切军机政事，实际上是轮流来掌管。战争中所得的人口、财务等都是八旗平均分配。皇太极如果想施行什么政策，往往会被诸贝勒阻挠，此时的皇太极和先前的贝勒几乎没有什么区别。皇太极对这种状况不能忍受，开始想办法解决以上问题，把权力集中起来，为自己所用。于是，一场围绕权力进行的争夺终于爆发了。

皇太极即汗位以来就倾心于学习中国历代的专制统治，不断地加强集权。为了将权力都集中在己手，皇太极开始对政权体制进行改革。这些改革也可以说是一场权力的争夺，皇太极采取了一项举措，他认为要想把权力集中起来，首先便是把三大贝勒的权力分散化，设立八大臣和十六大臣。八大臣总理一切事务，遇到重大事情和诸贝勒一起商议。除此之外，在兵权上，三大贝勒的权力再次被分配给十六大臣。把过去有较强自主权的八旗旗主势力，纳入正规的政治体制之内，这样便能加强自己的权力。在先前的四大贝勒共议国政、总揽军政大权的机制结构中，用八大臣、十六大臣的行政机制，代表最高统治者行使日常军政管理职权,相对就削弱了除自己以外的其他三大贝勒的权力,这样一来权力就集中到自己手中。但是,要想巩固自己的汗位,还必须彻底消除三大贝勒的权力。谋划已定的皇太极在静静地等待时机的到来。

天聪二年(公元1628年)三月,以镶白旗旗主阿济格贝勒为亲弟多铎说婚之故,将这位刚强、鲁莽、勇敢的贝勒废黜,改以其年仅15岁的弟弟多尔衮继任,减少了两白旗对新汗的威胁。

天聪三年(公元1629年)正月,皇太极与三大贝勒议定,对四大贝勒按月分掌政事的惯例予以取消,将值月之事改由诸弟侄贝勒代理。这一决定的作出名义上是怕代善、阿敏、莽古尔泰三大贝勒操劳过度,实际上是皇太极借此来削弱他们的权力。四月,皇太极又命文馆文臣分为两班,一班专门翻译汉文书籍,以便对历朝的治国经验加以借鉴,另一班对本朝政事加以记注,以利对政治得失加以总结。文馆是清后来内阁的雏形,在当时实际上是汗的辅政班子。在此之后,皇太极在提高汗权的道路上走得更快更远了。

天聪四年(公元1630年)六月,阿敏率军与明军交战,结果中了明军的围歼之计,一连丢了滦州、永平、迁安、遵化四座城,几乎全军覆没。最终,他找个机会率领剩余的残兵仓皇撤回了沈阳。皇太极得到阿敏兵败的消息后,心中很生气。当时商议守四城的策略时,皇太极就一直反对阿敏的作战方案,但是自己提出的策略也没能得到其他三位贝勒的认可。这个时候,皇太极就借这个机会,将连丢四城、屠杀汉民、擅自做主、滥用兵权等十六条罪状加在阿敏身上。皇太极把阿敏的十六条罪状记在了一张纸上,反复揣摩了一阵,最终下了一个决心,利用这十六条罪状剥夺阿敏的权力。

随后,皇太极召集了诸贝勒和大臣会议,他对众人说:"永平是我后金的勇士们用生命和鲜血换来的，如今不但丢了永平，甚至连其他三城也一并丢了。如果说胜败是兵家常事，单单一次征战的成败不能说明什么；二贝勒阿敏的罪状还不仅这些……"说着，他把阿敏所犯的十大条罪状一条一条地列了出来，语气铿锵有力。诸贝勒和大臣们听得都有些胆寒，心想：这阵势如果谁站出来替阿敏说句话，无疑是自找麻烦。

后来，皇太极判处阿敏幽禁之刑，并没其全部家财，转赐给其弟济尔哈朗。简短的几句话，阿敏的权力就被剥夺了，而且还被判了幽禁之刑。在处刑上，皇太极之前早就仔细考虑过，手足之亲，罪大不能致死，也不能充军发配，唯有幽禁之刑较为妥当，这样就避免了阿敏翻身谋权的机会。阿敏的家财赐给济尔哈朗也是皇太极的高明之处。按照常理，阿敏的家财应该充入国库中，但这样做势必会让一些人误解，把家财赐给济尔哈朗，相对还照顾了阿敏。其实，阿敏的兵权才是皇太极最为看重的。阿敏被判了幽禁之刑，代善和莽古尔泰都很生气，同时也感觉到了一种危机感。代善想，以后做事小心谨慎，阿敏的事应该就不会落到自己的头上。莽古尔泰和代善的想法正好背道而驰，他的脾气秉性本就很鲁莽，遇到点事就会大发雷霆，小则用语言去反驳，大则就要用行动了。莽古尔泰在会议上本就想大力反驳几句，考虑到人多，反驳的人又是皇帝，就算自己有理也不利，于是他忍住了。

天聪五年（1631年）八月，皇太极率兵与明军在大凌河发动了战争，明军的守将是攻占永平四城的孙承宗。莽古尔泰提议应该速战速决，趁着明军修筑凌河坝口，给予沉痛的打击。皇太极当然能够看到这一点，但是却有意地驳回了莽古尔泰的建议，说："明军看似在修筑坝口，实则是引诱我军，等我军一到，他们势必会把坝口掘了，我军岂不是要全军覆没了？"莽古尔泰知道这是皇太极在有意与他为难，心想倒不如索性把话说个明白："如今三大贝勒被皇上除去了一个，现在还剩下我和代善，皇上是不是还在寻求机会再找我们的麻烦？如果是这样，皇上今天可不要再拗下去了。大敌当前，胜败都在一念之间，皇上还在考虑这些问题，不如现在迅速出兵，等打了胜仗，皇上回去再把我除去也不迟。"

莽古尔泰的这番话太直白，皇太极听得直晃脑袋。他说："朕意已定，不能更改了，是你想得太多了。朕看你杀敌心切，并不怪罪于你，只是大凌河现在不能打。"莽古尔泰急了，一下子把腰刀抽了出来，威胁皇太极说："现在必须出兵！"

皇太极吓了一跳，同时心中也是怒火中烧，骑着的马朝后退了。莽古尔泰催马上前跟了几步，却被皇太极身边的贴身侍卫突然一把从马背上拽了下来，皇太极喊道：给我绑了。

大凌河之战自然是后金胜了，这是皇太极早就料到的。但他的心并没有完全沉浸在获胜的喜悦中。在回沈阳都城的途中，皇太极开始考虑莽古尔泰的问题。莽古尔泰没有过多的心机，什么事都表露在明面上。凌河之战前，莽古尔泰之举已经完全超出自己的想象，他没有想到他竟然会提着腰刀逼迫自己，这是一个不好的预兆。或许真如他所说的一样，他就算不反抗，自己早晚也要找机会夺了他的权。但对莽古尔泰来说，就不仅仅是夺权这么简单的。他既然敢提着刀来威胁我，那么以后还指不定会做出什么更出格的事来呢！皇太极咬了咬牙，狠心下了个决定。

皇太极以莽古尔泰"御前拔刀罪"，革去了大贝勒的爵位，降为一般贝勒，罚银一万两充入国库，并且把莽古尔泰排除在执政大贝勒之外。莽古尔泰被革了贝勒的爵位，心中自然不甘，几个月以后莽古尔泰突然得了一种怪病，浑身上下长满了毒疮。皇太极马上派御医过去瞧看，开了几服药，果然有所好转，可没过几日，病情开始恶化，几个月后，突然死去。

代善不会犯像莽古尔泰这样的低级错误，并且还按照皇太极的命令去做事。在莽古尔泰没死之前，代善就开始朝皇太极靠拢，但是已经晚了。皇太极废除了两大贝勒以后，心中便没打算留代善。于是在天聪九年（1635年）九月，皇太极召开诸贝勒大臣会议，列出了代善四条罪状，经过商议革去了代善大贝勒名号，消除贝勒的职位，其家财充入国库。第二年代善封和硕礼亲王。第三年，皇太极又斥责他轻君蔑法，迫使他闲居。

自此，能够对皇太极构成威胁的三大贝勒势力基本上被消除，皇太极的汗权得到了真正的巩固。皇太极在消除三大贝勒势力之后，为了适应新的形势和满足后金的发展需要，建立起一套仿照明朝的国家行政体制。到此为止，后金政治体制中的贝勒亲王会议制度宣告结束，所有的权力开始集中于皇太极一个人的手里，实现了真正意义的君临天下。

不仅如此，接下来，皇太极巩固和完善了八旗制度，扩编蒙古八旗，加强对蒙古的统辖；创设理藩院，专门处理民族事务；设立内三院、六部、都察院和理藩院，形成所谓"三院六部二衙门"的政府架构，基本完善了政府组织的体制和架构。

天聪九年（1635年）十月十三日，皇太极正式下令把族名定为满洲："我国建号满洲，统绪绵远，相传奕世，自今以后，一切人等，止称我国满洲原名，不得仍前妄称。"从此以后，满洲族简称满族，这样无疑凝聚了整个满洲内部的力量。天聪十年（1636年）四月十一日，皇太极改国号为"大清"，改年号为"崇德"，举行盛大典礼，大贝勒代善用满文宣读表文，额哲用蒙古文宣读表文，汉人孔有德用汉文宣读表文。这就意味着皇太极不仅是满洲人的皇帝、蒙古人的皇帝，也是汉族人的皇帝。

皇太极的这一举措，充分显示了他的远见卓识。首先，历史上女真族建立的金朝（1115～1234年），曾经残酷掠夺和压迫过汉族人民，是汉族人仇恨的对象。废去"女真"族号和"金"的国号，正是为了避免刺激汉族人的历史记忆，减少民族抵触情绪。第二，明朝的统治者姓朱，按汉族传统说法，其中的"朱"、"明"两字，均含有"火"之意，按五行相克的说法，"火"克"金"，这在明与后金对峙的形势下，对金不利。改"金"为"清"，汉字的"清"及"满洲"等字，均以"水"为旁，而"水"是克"火"的。另外，明朝当时的年号是"崇祯"，即崇尚祯祥，表明明朝统治者重天事。而皇太极改年号为"崇德"，则表明他重视的是德治。

在古代社会中，这种观念深入人心，皇太极很好地利用了这一点，不仅取悦于民，而且展现了与明朝争夺天下的决心和抱负。皇太极在将权力尽揽己手之后，便加快了的他的帝国大业，随时准备向明朝京城进军。

攻占松锦，奠定帝业

锦州是明朝设置在辽西的军事重镇之一，广宁中屯卫、广宁左屯

第八章　君临天下，神州一统

卫设在这里。自从明清（后金）交战以来，锦州的战略地位日益显得重要。明朝派遣重兵驻守，加固城池，力图使锦州成为阻止清兵西进的一座坚固堡垒。皇太极知道"以大军屡入塞，不得明尺寸之地，皆由山海关阻隔；而欲取关，非先取关外四城不可"，而锦州则首当其冲。皇太极很清楚，只有先打下锦州，然后从山海关进攻北京，才能给明朝致命一击，也才能使自己的南下战争有新的进展。

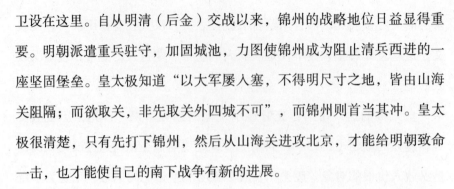

此时，局势已有所转变。清崇德五年（公元1640年）三月，皇太极鉴于漠南蒙古归附，朝鲜称臣，后顾之忧已解除，经多次绕道入关作战，消耗明廷实力后，决计以10万兵力攻取锦州，打通辽西入关通道。皇太极命令郑亲王济尔哈朗为右翼主帅，多罗贝勒多铎为左翼主帅，各统兵开赴义州驻守，筑城屯田，筹措攻城器具，对锦州形成合围之势。由此，松锦之战拉开序幕。这是继萨尔浒激战之后，明清兴亡史上又一次战略性的大决战，它把皇太极的军事实践推向了一个新的高峰。

经过与明朝多年的交战，皇太极深知，实行围困是对付明军的较为有效的措施。明朝对辽东的作战方略屡有变化。实践证明，袁崇焕提出的唯有凭城、用炮一策，守为正，战为奇，最为有效，它迫使清兵舍长取短，很少成功。而此时，袁崇焕虽然冤死，但他的这一战略方针却延续下来。根据这个战略，明兵坚守城池，不轻易出城与清兵较量。十几年来，清兵无可奈何。现在，皇太极进兵义州屯田，目的也是为长期围困锦州提供后勤支持。

当时，辽东名将祖大寿镇守锦州城。他本来在天聪五年（公元1631年）大凌河之战中已投降后金，当时他诡称妻子在锦州，要求迎接家眷，同时作为内应，智取锦州。皇太极放他回去，结果他一去不返，还当上了锦州的守将，祖大寿外甥吴三桂为副将。由于祖大寿对清兵非常了解，而且在朝中将士中也很有威望，祖、吴在辽东拥有强大实力，是明朝倚重的军事集团。清崇德三年（公元1638年），清军发动入口之战，皇太极亲自领兵攻向宁远、锦州，祖大寿打败多铎的军队，皇太极要求祖大寿来见，祖大寿推辞不见。第二年，皇太极又领兵围攻松山，旁及连山、塔山、杏山，崇祯帝召祖大寿救援，皇太极却要他来投降，也没有成功。祖大寿坚守锦州，清军屡攻不克。

从崇德六年（公元1641年）起，济尔哈朗开始命令诸军包围锦州。祖大寿向大明朝廷告急。四月，皇太极亲往义州、锦州察看地形和明军态势，决定对锦州采取长期围困之策。这一年，清军攻打锦州，东关守将降清，清军轻松地取得了锦州的外城。

面对危机的局势，洪承畴采取"步步为营，且战且守，待敌自困，一战解围"的战略，于崇德六年（1641年）七月，率兵进驻松山与锦州间的乳峰山，两军初战，"清人兵马，死伤甚多"，清军失利，几乎就要溃败了。失败的消息传到盛京，皇太极见形势危急，事关重大，崇德六年（1641年）八月十八日皇太极带病急援，"上行急，鼻衄不止"，昼夜兼行500余里，到达锦州城北的戚家堡（辽宁锦县齐家堡），紧紧包围在松山一带，洪承畴与清军决战于松山、锦州地区，皇太极秘令阿济格突袭塔山，趁潮落时夺取明军囤积在笔架山的粮草十二堆。明军"因饷乏，议回宁远就食"，决定分成两路突围，届时"各帅争驰，马步自相蹂践"，总兵吴三桂、王朴等逃入杏山，总兵马科、李辅明等奔入塔山。洪承畴等人突围未成，困守松山城，几次组织突围，皆告失败，不久"转饷路绝，阖城食尽"，松山副将夏承德遣人密约降清，以为内应。

此前，明朝已调洪承畴（1593～1665年）入卫京师。洪承畴是福建

211

第八章　君临天下，神州一统

南安人。明万历进士，历任延绥巡抚，陕西三边总督，是明朝晚期不可多得的一位帅才。此时由于受到清兵的极大威胁，崇祯帝正式任命洪承畴为兵部尚书兼副都御史总督蓟辽军务，这是准备决战的重要一步。同年十月，洪承畴出山海关，调集曹变蛟、王廷臣、白广恩、马科、吴三桂、杨国柱、王朴、唐通八位总兵，13万步骑，4万马匹，解锦州之围。祖大寿驻守锦州，以松山、杏山、塔山三城为掎角。皇太极率领清军主力开到前线后边，决定实行围锦打援之策，与明军决战。皇太极亲征，大大鼓舞了清军的士气。他部署清军自乌忻河南至海，横截大路，再在高桥设伏，围追堵截，处处有备。明兵虽号称13万，能战者只有白广恩、马科、吴三桂三总兵所部。

皇太极作出部署，命令埋下伏兵，断去敌人的退路；袭劫明军的积粟，使明军的粮道丧失；清军在高桥设埋伏，袭击明军的逃兵；在大路列阵，截击明军的援兵。皇太极采取大包围的攻势，挖深壕困住了明军，洪承畴正欲决一胜负，而诸将以无饷为由，商议回宁远取粮。洪承畴看出："战亦死，不战亦死；若战，或可冀幸万一。"但部将各怀异志。还没等下令出击，王朴等总兵得悉皇太极亲征，慑于其声威，纷纷乘夜率领本部兵马撤退，遭到清军的伏击，明13万兵被斩的就有5万。经过激战，皇太极获得大胜。洪承畴只剩下1万余人退守在松山城内。曹变蛟、王廷臣突围入松山城，与洪承畴在松山坚守。松山城内缺粮草，外失救援，处于孤立绝望的境地。洪承畴几次欲突围而出，都遭遇失败。

清崇德七年（公元1642年）二月，明朝松山副将夏承德暗地里投降清朝，密约清军为内应，十八日城陷，王廷臣、曹变蛟等被杀，洪承畴、祖大寿兵败被俘至沈阳，三月八日，祖大寿率部献城归降，清军占领锦州。四月二十二日，清军用红衣大炮轰毁杏山城垣，松山、锦州、杏山三城尽没，至此松锦大战结束。

洪承畴为表示忠于明室，宣布绝食，到了五月剃发降清。洪承畴投降以后，明朝不知道他已经变节，明思宗闻之大震，辍朝特赐祭九坛，祭到第九坛的时候，又得到军报，说洪承畴降清了，京城大乱。据《清太宗实录》记载："是役也，计斩杀敌众五万三千七百八十三，获马七千四百四十匹，甲胄九千三百四十六件。明兵自杏山，南至塔山，赴海死者甚众，所弃马匹、甲胄以数万计。海中浮尸漂荡，多如雁鹜。"松锦大战表明朝在辽东防御体系的完全崩溃，明朝在辽东的最后防线仅剩下山海关的吴三桂部。

皇太极即位以后，审时度势，对明清之间将不可避免的要进行一次大决战是作了充分的各方面准备的，如进行内政改革，加强君权，对外入侵朝鲜，与其结盟，征服蒙古，与其联合，于是孤立了明朝。因此，清不仅上下团结一致，而且又无后顾之忧。所以，它就有了充足的人力和物力投入这场战争，从而保证了松锦大战赢得胜利。另外，皇太极在松锦大战中，战略打击目标的选择，作战时机的掌握，用兵方略和临阵指挥等方面都表现出卓越的军事才能。最为突出的是：他善于从失败中吸取教训，如以往八旗精兵良将善于奔袭野战之长，为了避其不长于攻坚城之短，因此在松锦大战中，始终采取围城打援的战术，不仅消灭了洪承畴率领的援军，而且困逼松山、锦州、杏山的明军守将献城投降，摧毁了明军经营多年的宁锦防线，为进取中原铺平了道路。松锦之战从锦州围城到杏山迫降，前后共历时两年多。松锦之战后，明朝在北方的主力基本上被消灭，关外诸城被占。明军主力的被歼为日后清军入关进京奠定了坚实的基础。

自明万历四十六年即天命三年（公元1618年），在抚顺明朝与后金的第一次交锋开始，至明崇祯十七年即顺治元年（1644年）清军入关，在近30年间，萨尔浒之战、沈辽之战和松锦之战三大战役对明清兴亡产生了极其深远的影响：萨尔浒之战，明朝在辽东一带的地位从有利转为被动；沈辽之战，明朝在辽东的势力几乎终结，后金在辽东确立统治；松锦之战，明朝失去关外的所有一切。清朝人说，萨尔浒之战是"王基开"，而松锦之战是"帝业定"。皇太极为定鼎燕京、入主中原奠定了基础，做好了准备。

不仅如此，松锦之战还有一大意义是明蓟辽总督洪承畴的归顺。皇太极俘虏洪承畴回沈阳，想尽办法劝说他投降。洪承畴开始大义凛然，不肯屈服。皇太极派范文程劝降他，发现他爱惜衣服，梁上掉下一点灰尘，撒在他的衣服上，他拍了又拍，由此预测他更爱惜生命。得知这点，皇太极便亲自去看洪承畴，将身上的御衣解下披在洪承畴身上。洪承畴睁大眼睛感激地看着皇太极，叹息说："真命世之主也！"随后，便归顺了清朝（《清史稿·洪承畴传》）。后来，洪承畴隶属汉军镶黄旗，顺治二年到南京总督军务，经略湖广、广西、贵州。顺治亲政后，他积极贯彻顺治的怀柔政策，成绩显著。由于他的诱降，明末永历政权中很多官员投降了清朝，这对于瓦解西南抗清力量起了很大作用。

清崇德七年（1642年），皇太极发动了生前最后一次入关之战。他对这次军事行动提出的要求异乎寻常，即注意明朝和农民军的动向及应对态势采取适当策略。这表明皇太极认为大清取代明朝统治全国已为期不远。奉命大将军阿巴泰等统帅两翼大军分别从界岭口及黄岩口毁墙而入，长驱南下，所向披靡，饱掠一番，但当手下将领提出直捣山海关时，皇太极仍坚持既定国策，不肯轻易冒险。皇太极虽然不曾通过山海关，但没有先前的扫清道路，也就不可能有后来的清军入关。

恩威并施，招降明将

戎马多年的皇太极不仅能征善战，而且富有谋略。在长期和明朝军队打交道的过程中，他学会了采用攻心术。在战争中，对待明将，他采取了恩威并施的招降谋略。这在清军当中有着非常重要的意义。

在皇太极的一生中，招降了很多明朝将领。在洪承畴降清之前，有孔有德、耿仲明、尚可喜，后称为"三顺王"；之后又有祖大寿等。这些对清军的实力壮大和后来的战争都起到了巨大的作用。

努尔哈赤时期，八旗的成员绝大多数是满洲人，又称满八旗，各旗也有少数蒙古人和汉人。皇太极即位后，一方面积极从事扩张政策，另一方面仍然注意缓和民族和社会矛盾，他命令臣下做好"养人"的事情，尤其是对新掠取或来降的蒙古、汉人做好安置。

归附皇太极的蒙古人和汉人官兵日益增多，于是皇太极在满洲八旗的基础上，于天聪九年（公元1635年）建立蒙古八旗，此后又于崇德七年（公元1642年）建立汉军八旗。加上原有的满八旗，合满、蒙、汉共二十四旗。这就使八旗制度臻于完备，武装力量不断扩大。

"三顺王"指的是恭顺王孔有德、怀顺王耿仲明、智顺王尚可喜。他们降后金是当时具有重大意义的事件，极大地壮大了皇太极的军事力量，与皇太极编制汉军八旗有着十分密切的联系。

孔有德（1602～1652年）、耿仲明（1604～1649年），均为辽东人。努尔哈赤攻克辽东，孔、耿二人奔皮岛明总兵毛文龙麾下。由于毛文龙屡为后金所败，又骄纵不受节制，为袁崇焕所杀。孔、耿二人走投登州巡抚孙元化，孔有德任参将，耿仲明任游击。

天聪五年（公元1631年），皇太极率兵围大凌河城，孙元化派遣孔有德率兵3000渡海增援，在海中遭遇飓风，孔有德几乎丧命。十一月，孙元化又派孔有德率800骑兵从陆上赴援。孔有德心中愤恨，行到邹平县（山东邹平），滞留月余。后来又到吴桥县（河北吴桥），遭遇大雪，没有吃的，导致军心混乱，士兵们便大肆掠夺百姓财物。这时，正好遇到了孙元化派遣去塞外购买马匹的参将李九成，两人密议后，宣布叛明。孔有德率军回师，连陷临邑、陵县、商河、青城诸县（均在山东济南市北）。第二年正月，孔有德等挥师登州城下，耿仲明为内应，内外夹攻，迅速攻克登州。孙元化自杀未遂，孔有德念及旧情，没有杀他，让他乘船离开。孙元化航海到天津，崇祯帝得报，下令就地处决。

不久，又有驻旅顺的明朝参将陈有德、广鹿岛副将毛承录等率部分官兵造反，渡海到登州，加入孔有德部队。孔部兵势大盛，共推孔有德为王。孔有德谦让不受，自称都元帅，李九成为副元帅，耿仲明为总兵官。从此，他们率军在山东一带攻城略地，明朝调集大批兵马前来镇压，孔有德等退守登州。明军数万将登州包围，双方相持五月有余，李九成战死。孔、耿军队终因众寡悬殊，无法打破明军的围攻。两人感到力不能支，决计突围投奔后金。五月，孔、耿率众抵镇江，遣人向皇太极报告起程赴沈阳日期。皇太极马上传令济尔哈朗、阿济格、杜度率兵速往镇江迎接，并带去2000匹马，供孔有德部众上岸乘骑。

与此同时，宁远、登州、旅顺口明兵乘船从海上尾追而来，朝鲜

西方版画中的清朝景象

也出兵助威。正好济尔哈朗等率军也赶到镇江，与明兵夹江立营。明兵与朝鲜兵见后金兵强盛，不敢开战，便悄悄撤走了。孔、耿部众这才靠岸，将携带的大量兵器枪炮全部搬运上岸。孔、耿这支庞大的队伍历经艰险，顺利来归，这对后金是个巨大的鼓舞，皇太极隆礼相待，关怀备至。六月十三日，皇太极按孔、耿原来的自封号，正式宣布封孔有德为都元帅，耿仲明为总兵官，赐给敕印。其他各官也视功劳分别封赏。不久，孔、耿率军协同八旗满洲攻克了旅顺城。

天聪八年（公元1634年），明朝广鹿岛副将尚可喜率数千名官兵和百姓叛明来归。尚可喜，辽东人，崇祯时为明东江总兵官（驻皮岛）黄龙部下。孔有德登州叛变后，黄龙提升他为广鹿岛副将。孔有德、耿仲明引后金兵攻旅顺，黄龙兵败自杀。明以沈世奎代黄龙为总兵，部下构陷尚可喜，尚可喜还据广鹿岛。尚与孔、耿都曾是毛文龙的部下，彼此交往很密切。不久，他即效法孔、耿的行动，投降了皇太极。孔有德、耿仲明、尚可喜相继叛明，明朝用以牵制后金的辽东沿海防线土崩瓦解，而且人心大乱，造成了严重的政治影响。

孔、耿、尚归附后，皇太极给了他们很好待遇，为他们营建府第，同时保持他们军队的编制，让他们继续统帅，旗下汉兵没有遭受满人歧视之感。这一措施得到广大汉兵的拥护，"故其将卒皆用命"。对后金来说，这比将汉兵分散到各旗管辖更有利。另外，皇太极发现三人的军队"谙水战，习地利"，在这些方面均非后金骑兵可比。

努尔哈赤时代，采取的做法是"俘掠辽沈之民，悉为满臣奴隶"，到了皇太极的时候，随着军事规模的不断扩大，皇太极意识到满洲兵的局限性，开始打破民族界限，着手将他统治下的辽人及归顺的明兵武装起来，创建汉军编制。皇太极称帝之后，封孔有德为恭顺王，耿仲明为怀顺王，尚可喜为智顺王，将汉人组成的部队特许三人独立分管，使他们获得类同八旗旗主一样的权力。因此，孔、耿、尚等人来归，成为皇太极编制汉军旗的最好契机。

早在努尔哈赤时期，在满洲八旗中就有十六个汉人牛录。皇太极即位后，到了天聪五年（1631年）正月，把汉人牛录拨出约2000多人，正式成为一汉军旗，命汉官佟养性统辖，敕谕曰："凡汉人军民一切事务付尔总理，各官悉听尔节制。"天聪七年（公元1633年）七月，皇太极命后金各户下汉人十丁抽一，约1000多人，由马光远统领，天聪八年（公元1634年）五月，正式定名为汉军，以黑旗为标志。崇德二年（公元1637年）七月，汉军由一旗增为二旗，称为"左右两翼"，以石廷柱为左翼固山额真，马光远为右翼固山额真。崇德四年（公元1639年）六月，又分汉军两旗为四旗，以马光远、石廷柱、王世选、巴延四人为固山额真，各领一旗。崇德七年（公元1642年）六月，再增设四旗，共为

谋取神州

清朝开国奇谋

八旗，称之汉军八旗，旗色与满洲八旗相同，每旗设固山额真一人，梅勒额真二人，甲喇额真五人。

早在天命六年（1621年），后金攻占辽沈后，归降的蒙古军民，有的已被单独编为牛录，称蒙古军，由武纳格、布彦代统领，隶满洲八旗。皇太极即位后，蒙古归附军民不断增多，大约到了天聪三年（公元1629年），将原先的蒙古军扩编成"蒙古二旗"。天聪七年（公元1633年），把"蒙古二旗"，分为"右营"和"左营"，以武纳格和鄂本兑同为固山额真，分别统领。天聪八年（公元1634年）五月，改"右营"为"右翼兵"，鄂本兑领之；"左营"为"左翼兵"，武纳格领之。天聪九年（公元1635年），皇太极将蒙古二旗，扩充为蒙古八旗，旗色和建制同满洲八旗一样，入关之前蒙古八旗。

崇德二年（公元1637年）七月，皇太极又把一旗汉军分作左右翼两旗，以汉官石廷柱为左翼固山额真，马光远为右翼固山额真，都按照满洲八旗的样式编壮丁为牛录。崇德四年（公元1639年）六月，再分二旗为四旗，合计七千人左右。崇德七年（公元1642年）六月，皇太极将原四旗改编为八旗，称为八旗汉军，旗色、名称、官员设置一如八旗满洲之制，所不同的，前者的旗主可以由皇帝随时撤换任命，后者则是世袭。同年八月，孔有德、耿仲明、尚可喜、沈志祥奏请"以所部兵随汉军旗下行走，上允其请"。他们虽然没有编入八旗，但应属于八旗汉军的一部分。至此，皇太极完成了对八旗汉军的创建。皇太极说："我国出则为兵，入则为民，耕战二事，未尝偏废。"

皇太极创建汉军与蒙古八旗，既增强了清朝的武装力量，也对满、蒙、汉的广大人民实行了深一层的控制，同时给予汉族、蒙古族的历史地位以某种肯定，缓解了满、蒙、汉三族之间的矛盾。皇太极创立的汉军八旗，对后来清朝夺取全中国的统治权具有重要意义。

在招降"三顺王"和洪承畴之后，皇太极又以宽广的胸怀招降了明朝大将祖大寿。

皇太极率大军东归不久，明朝兵部尚书、大学士孙承宗督理军务，调集各路兵马大举反攻。五月九日，他指挥数万兵马围攻滦州。阿敏等惊慌失措，没做任何抵抗，就下令撤退，弃城逃跑。逃前，下令屠城：已归降的汉官巡抚以下十余人连同全城百姓全部死于八旗兵的屠刀之下，并将城中财物抢掠一空，仓皇逃去。孙承宗只用十几天工夫，就收复了后金兵占领的永平、遵化、滦州、迁安四城。孙承宗收复关内四城以后，天聪五年（公元1631年）正月东出巡关，准备重新整备关外的防务。

220

与此同时，孙承宗趁机向崇祯帝建议加强防御，恢复被后金兵毁坏的大、小凌河两城，以接连松山、杏山、锦州等城。崇祯帝批准了这一建议，下令先修复大凌河城。大凌河城位于锦州东30多里处，属锦州守备管辖，建于宣德年间，周长3里，嘉靖时又有所增修。在明清战争中，它是锦州的前哨阵地，几经战争破坏。这次经孙承宗提议，决定再次修复。天聪五年（公元1631年）七月，兵部尚书梁廷栋主其事，总兵祖大寿、何可纲及十余员副将率兵正式动工重建。当时，阿敏率败军刚回到沈阳，皇太极就得知明兵在大凌河筑城的消息。他毫不迟疑地昼夜催调各军包括蒙古兵，由他率领前往攻城，不给明修筑和加固防线的任何机会。他说，"坐视汉人开拓疆土，修建城郭，缮治甲兵，使得完备，我等岂能安处耶！"

天聪五年（公元1631年）七月二十七日，皇太极率军离沈阳西行，渡过辽河之后，召集众将领，宣布军纪：凡俘虏之人，勿离散其父子、夫妇，勿裸取其衣服，当加以抚恤。八月初一，大军驻辽阳河，在这里分兵两路，一路由贝勒德格类、岳托、阿济格等率兵2万，经由义州，屯驻于锦州与大凌河之间；一路由皇太极率领经由白土场，趋广宁大道，约定六日两军会于大凌河城。皇太极围攻大凌河城，已与宁锦之战大有不同。他吸取了宁远之战、宁锦之战和北京之战三次失败的经验，建造红夷炮，各旗还成立了炮兵营。皇太极首次携带大炮，命令额驸佟养性率领汉兵，把大炮安放在通往锦州的大道上，堵截明朝援兵。皇太极认识到，后金军虽有火炮，攻坚不是自己的长处，这次改为围而不攻，企图迫使城内粮尽援绝而降。后来明人惊叹说："逆奴围凌，连挖四壕，湾曲难行，器具全备，计最狡矣！故虽善战如祖大寿，无怪其不能透其围。"

在这样的形势下，祖大寿等起初还不时地出动数十人、几百人的小股部队，企图作试探性的突围，都被后金兵给打了回去。有一次，皇太极让后金兵伪装成明援兵，引诱祖大寿出城。祖大寿不知是计，率兵出城，中了埋伏，被杀得大败。因此从九月下旬以后，祖大寿紧闭城门，等待援军，再也不敢出战了。明廷得知大凌河城被围，急忙从附近调集援兵。八月十六日，后金围大凌河城十天以后，松山城出动明兵2000前来支援。二十六日，明朝援军与后金兵在长山（大凌河城东南）、小凌河间大战，被逐回锦州。

明兵多次采取救援行动，但均被外围后金兵击退。后来，明朝派监兵张春同总兵吴襄等率4万援军开来，结果张春被活捉，吴襄逃跑，全军被歼。明军经过这几次战斗，损失惨重，已经无力增兵救援了。援兵盼不到，大凌河军民面临着粮尽的危险。围困已两个月，城里储备的粮食眼看就要吃光，兵士宰杀战马充饥，马无草料，大批倒毙。最后甚至到了吃人肉的地步。

在严密围城的同时，皇太极不断发动政治攻势。皇太极责令俘获的明将20余人给祖大寿写信劝降，他本人还写了3封，但祖大寿仍不投降，表示"我宁死于此城不降也"。皇太极知道祖大寿已面临绝境，之所以不降，是顾虑身家性命，担心后金随意杀人。皇太极写信解释，说从前杀辽东人实有其事，我十分痛悔，今后决不妄杀一人。祖大寿对皇太极的话将信将疑，拖到十月中旬，终因"力竭计穷"，才下决心投降。经过双方信使往来，将投降之事谈妥，只有副将何可纲反对投降。祖大寿将其逮捕，让两名士兵把他架出城外，当着后金诸将的面斩首，何可纲脸色不变，含笑而死。祖大寿来降时，皇太极十分高兴，他派诸贝勒出迎一里，他则出帐外迎接，不让祖大寿跪见，而以抱见礼优待，还让他先入幄，随后，皇太极和他并肩入帐，极示尊敬之意。

在皇太极招待祖大寿的筵席上，祖大寿说妻子尚在锦州，请求皇太极允许他回锦州做内应，皇太极当即同意。祖大寿带26人，渡小凌河，徒步到达锦州，从此一去不复返，其子侄俱质留于后金，也顾不上了。皇太极采取怀柔政策，并未为难他的家人、部将。10年之后，皇太极在松锦大战中，再次围困祖大寿据守的锦州，祖大寿才真正投降。从皇太极对待祖大寿的态度上，足可见其卓越的政治才能。祖大寿降清之后，皇太极开进大凌河城。原先全城兵民共3万多人，此时仅存马只剩下32匹。三日，皇太极举行盛大宴会，招待大凌河城归顺将士。九日，皇太极下令班师，八旗将士满载战利品撤回沈阳。撤军前，将大凌河城完全摧毁，剩下一片废墟。

皇太极在对明朝的战争中，在进行军事打击的同时，也注重攻心战，注重恩威并施，这样一来，不仅仅减少了清军的伤亡，对瓦解明朝的军心也有着极为重要的意义。这个时候的皇太极，已经具备了君王应有的风范，君临天下只是时间的问题。

君临天下，山海大战

　　清崇德七年（公元1642年）十月，皇太极遣奉命大将军阿巴泰贝勒统满蒙汉八旗军约5万人，及蒙古科尔沁等部士卒约5万人征明，掠夺人畜财物，消耗明朝的国力。清军于同年十一月入边，明朝虽调集援兵40万，但分辖于四总督、六巡抚和八总兵，事权不一，将怯士疲，不敢迎战。清军所向无敌，纵横直隶、山东，连败明兵数十次，生擒鲁王等六王和五总兵及大批官将，攻克兖州、顺德、河间三府十八州六十七县，兵逼燕京，抵密云。

　　崇德八年（1643年）八月，皇太极突然病逝。皇太极一生做了两件大事，影响千古，史册永存。一件是改族名女真为满洲。因为皇太极有两个年号：一个是天聪，另一个是崇德，所以清朝出现十二帝十三朝的现象。

　　皇太极病逝之后，经过五天的激烈争斗，睿亲王多尔衮提议立皇九子福临继位，自己与郑亲王济尔哈朗辅政，礼亲王代善等王公赞同。于是，当时只有6岁的福临便于八月二十六日即位，成为大清国新皇上，第二年改为顺治元年。

　　此时，李自成建都西安，即王位，国号大顺，年号永昌，设天祐殿大学士，置六政府尚书，恢复五等爵，封刘宗敏、田见秀等侯、伯、子、男一百六十余人。李自成善用兵，勤操练，军纪严明。李自成率军于二月渡河西征，三月十七日进围北京，京师危急。与此同时，张献忠据四川，称大西国王，孙可望、李定国、刘文秀、艾能奇等将皆系久经征战的猛将。

此时，吴三桂接到诏书，只得放弃宁远，率兵去解京师之危。吴三桂带兵到了滦州，离北京很近了，碰到一些从北京逃出来的人。吴三桂找来一问，听说他父亲吴襄已经被起义军抓了起来，家产被抄，心里恨得咬牙切齿，立刻下令军队全部退回山海关，并且要将士们一律换上白盔白甲，为父亲报仇。李自成得知吴三桂拒绝投降，就决定亲自带领20多万大军，进攻山海关。吴三桂听到这个消息，连忙写了求援信，派人飞马出关，请求清兵入关镇压起义军。

三月十九日崇祯帝朱由检自缢而死。李自成入承天门，登皇极殿，明降臣入贺，叩拜新主。李自成进入北京以后，一面出榜安民，一面严惩明朝的皇亲国戚，贪官污吏。他派刘宗敏和李过，勒令那些权贵交出平时从百姓身上搜刮来的财物，充当起义军的军饷，拒绝交付的统统处以死刑。这时，有人告诉李自成，吴襄的儿子吴三桂是明朝的山海关总兵，手下还有几十万大军，如果把吴三桂招降了，岂不可以解除大顺政权的一个极大威胁。李自成觉得有道理，于是叫吴襄给他儿子吴三桂写信，劝说他向起义军投降。

吴三桂收到吴襄的劝降信，处境十分尴尬，进退两难，前有李自成大顺军，后有大清军队，大有一着走错、满盘皆输之势，因此吴三桂此时也犹疑不决。李自成进京以后，便先后几次派人去说服吴三桂。吴三桂并不愿意降清，因为他与清军交战多年，曾多次拒绝清廷的招降，已成骑虎难下之势，万难改口再投降清军。他亲自领略了农民军的骁勇善战，而且农民军又带来了他急需的粮饷、银两等劳军物资，于是吴三桂投降了李自成的农民军。事情发展到这一步似乎已经是完美的结局，然而实际情况并非如此。

其实，吴三桂的父亲吴襄已投降了农民军，但是不久，吴襄却被农民军殴打勒索，而且农民军的将领刘宗敏霸占了吴三桂的爱妾陈圆圆，吴三桂获悉这些消息后十分气愤，立即率领部属返回山海关，并发誓与农民军决一死战。但他毕竟力量弱小，无法与农民军相抗衡。所以他很快想到了和清兵联手共抗李自成。吴三桂认为自己手握兵权尚且被人欺凌，假如一朝失势，受制于人，就更难以想象了。但是，相比之下，他的亲友、部将等投降清军后却受到极好的待遇。虽然说吴三桂背叛农民军的起因是父亲和爱妾受人欺侮，但深究其原因，恐怕吴三桂也是经过一番深思熟虑、反复掂量的，因为降清与降李自成待遇和前途毕竟相去甚远。早在松锦之战中，吴三桂大败而逃，被明廷降职三级，但仍然奉命驻守宁远。吴三桂鉴于以前的教训，重新招集失散的士卒，大力整顿，实力大为增强，他的部队成为当时极具战斗力的部队。崇德七年（公元1642年），阿巴泰率军侵扰明朝边境，在其退往关外时，明朝将领只有吴三桂敢于追击，并屡立战功。崇德八年（公元1643年），济尔哈朗等率兵攻打明朝的关外四城，只攻下了中后所、前屯卫、中前所三城，在进攻宁远时，却被吴三桂打败。由此可知，对于明廷来说吴三桂确实是不可多得的将才。

随着形势的发展，清军更是加紧筹划，准备一举消灭明朝。多尔衮得知明朝灭亡后，下令：男丁70岁以下，10岁以上全部从军。经过几天的征兵之后，四月四日，内秘书院大学士、清军的重要谋臣范文程上书多尔衮，他认为：第一，大清虽然夺取的是明朝的江山，但目前必须首先对付的却是流寇；第二，要想一统中原，必须严明军纪，与民秋毫无犯；第三，我军或是直取燕京，或是相机攻取，必须在长城以西选择一座坚固的城池作为根据地，以免军队长途跋涉带来的不利。范文程的建议，为清军入关指明了一条较为正确的道路。

顺治元年（公元1644年）四月初九，摄政王多尔衮，率豫郡王多铎、英郡王阿济格等八旗王公将领与"三顺王"孔有德等将士离沈，进军明国。此时清军，训练有素，骑射娴熟，久经征战，屡败明军，是一支所向无敌的劲旅，要想进入关内，问鼎中原，是可以试一试的。但是，能否最后夺取成功，君临全国，长期统治下去，仍属疑问。其根本弱点是人丁太少，敌手太多。此时清军面临三大对手，明朝军队和李自成、张献忠。明朝虽已腐朽，但毕竟曾拥兵百万，明朝将士和朱明宗室定会集兵相战。更难以应付的两个对手是李自成和张献忠，分别领导的大顺、大西农民军。大顺、大西军南征北伐十余年，兵强将勇，声势浩大。

双方相比，清军人数太少了。然而，历史竟是如此的令人不可思议。当时，满族正在蓬勃兴起，富有进取精神，年方而立的摄政王多尔衮，充分吸取了本民族这一优点，而且加以发展，不畏艰险，施用巧计，勇往直前，毅然统兵向山海关杀去。

十五日，吴三桂派使者求见，向多尔衮"泣血求助"。但是，多尔衮一时还难以弄清楚吴三桂的真假。他在召见了吴派来的两位信使之后，为求安全起见，便把其中一人扣留，另外派人同另外一人前往山海关探听虚实。同时，多尔衮改变了原来的作战方案（即从山海关以西蓟镇长城关口突入），命吴三桂军带大炮随大军向山海关进发。四月十六日，多尔衮复信给吴三桂，要求他率众归降，并许诺封以故土，晋封藩王。此前吴三桂派去和多尔衮联络的郭云龙，已经带着多尔衮的回信和其妻弟拜然回到山海关。吴三桂于是一面再次派出郭云龙、孙文焕，带自己的第二封书信前往多尔衮处催促他快速进军，一面联合当地士绅准备抵抗大顺军的军事部署。四月十一日，清军越过辽河，随即接到消息，得知李自成已攻占北京，崇祯帝身亡。多尔衮面对这个情况开始犹豫起来，但熟知农民军情况的洪承畴极力主张马上入关，与大顺军决战："今宜计道里，限时日，辎重在后．精后在前，出其不意。从蓟州、密云近京处疾行而前，贼走则即行追剿，倘仍坐据京城以拒我，则伐之更易。"

到了四月十九日，吴三桂开始做战前政治动员。他先在山海关演武堂，"合关、辽两镇诸将并绅衿誓师拒寇"，四月二十日又在校场"与诸将绅衿歃血同盟，戮力共事"，杀"奸细张有起、张五"祭旗，激励士气。这就是记载中所谓的"南郊誓师"。吴三桂一边准备决战，一边继续以假谈判拖延李自成的行动，以等待多尔衮的答复。为了让李自成确信谈判是真的，他又派出了山海关当地生员刘泰临、李友松、谭邃寰和乡绅黄镇庵、刘台山、高选六人"轻身给贼"，这六人在三河附近碰到了正在前来的大顺军主力，于是向李自成转达了吴三桂的谈判条件。这一计，有效地推迟了大顺军的行动。

同一天，清军到达连山（今辽宁锦西，在宁远北），吴三桂再次派人求见多尔衮，催促多尔衮速率大军直入山海关，共同对抗农民军。而此时李自成已经亲自率领大军前来征讨吴三桂，并逼近山海关。原来李自成在获悉吴三桂背叛一事后，便于四月十三日率兵6万亲自东征。十七日来到永平，离山海关只有150里左右。

多尔衮在接见吴三桂第二次派来的使者后，便指挥大军昼夜兼程，直奔山海关，一昼夜行军200里，于二十一日晚到达山海关外，驻扎在山海关城东北10里左右的欢喜岭。多尔衮为人十分小心谨慎，为防吴三桂有诈，大军安营之后即派人前往吴营探听虚实，严密注意吴三桂动向。与此同时，吴三桂也连连派人敦请清兵入关，多尔衮到此时才完全相信吴三桂。

二十一日李自成大军从南面开到山海关附近。20多万起义军，依山靠海，摆开浩浩荡荡的阵势，一眼望不到边。多尔衮在准备入关时，又突生猜疑之心，怕吴三桂联合农民军引诱自己入关，给自己设下一个陷阱。他与众贝勒商议后得出结论，再静观其战，窥探动静。这时天已大亮，李自成正在调动兵马，准备攻城。吴三桂更加焦急，无法再等下去，便率领十多名将官、数百精骑一口气奔入清军营地，面见多尔衮。多尔衮的后顾之忧才彻底打消掉，并且让多尔衮欢喜的是，这次绝对是收降吴三桂的绝好时机。二十二日，吴三桂投降清军。双方的约定使多尔衮实现了世代以来的渴望，顺利进入山海关，为入主中原打开了门户。

吴三桂剃发称臣之后，又向多尔衮细述了当前的紧急局势。吴三桂说道："农民军目前还不知道清军的到来，把兵力全都集中在攻打关城的前头了，后部力量极其薄弱。我们可采取攻首尾斩其腰的战术，打他个措手不及。"多尔衮默认点头，可又多留了一个心眼，他觉得此战非同小可，成败是一个关键。农民军既然不知我军前来，从这里便可寻出战机，先让吴三桂派兵迎战农民军，在打到一定程度的时候，自己再率重兵前往，一来可打他个措手不及，二来也算是以逸待劳，减少了自己兵力的损失。"将军对战术上的造诣让本王钦佩不已，由此可见只要我们两军联手，农民军必败无疑。多尔衮从山海关城头望见起义军阵容齐整，料想不容易对付，于是就让吴三桂打先锋，叫清军埋伏起来，自己和几名清将远远地躲在后面的山头观战。

战斗开始了，李自成披挂整齐，骑着马登上西山指挥作战。吴三桂带兵一出城，起义军左右两翼进行合围包抄，把吴三桂的部队团团围住。吴部东窜西逃，总也冲不出重围。起义军个个英勇血战，喊杀声震天动地。正在双方激战的时候，不料海边一阵狂风，把地面上的尘沙刮起，一霎时，天昏地暗，对面看不见人。多尔衮看准这个时机，命令埋伏的几万清兵一齐出动，向起义军发起突然袭击。起义军毫无防备，也弄不清是哪儿来了这么多敌人，心里一慌，阵势也就乱了。一时间，万马奔腾，飞箭如雨，农民军战败溃逃。混乱中，马匹自相践踏致死的人不计其数，尸体遍地，血流成河。

直到风停下来，李自成才在西山上发现清兵已经入关，想下令军队稳住阵势，指挥抵抗，可是已经来不及了，只好传令后撤。多尔衮和吴三桂的队伍乘势里外夹击，起义军遭到惨重失败。李自成带领将士边战边退，吴三桂和清军则在后面紧紧追赶。起义军退回到北京，兵力已大大削弱，而实力强大的清兵，已成锐不可当之势。李自成回到北京的第二天，便率领起义军离开北京，向西安撤退。至此，清军在吴三桂的配合下，取得了山海关大捷。

入主中原，九州一统

山海关大捷之后，吴三桂因功受赏，清政府封他为平西王。李自成

认识到山海关重要的战略地位，但在思想上过于轻敌，对吴三桂公然降清，和清兵同吴三桂联合的形势没有充分的估计，未做周密安排便仓促出兵，导致山海关战役的失利。战后，大顺政权面临严峻的形势，清兵可以长驱直入，大顺军分布数省，一时难以召集。既无险可守，又无足够的守城力量，退出北京在所难免。问题在于，是主动退出，还是拒守不成再撤。李自成选择了前者。四月二十九日，他在紫禁城内的武英殿举行了即位典礼，然后运草入宫，放火焚烧明朝的宫殿、太庙以及北京九门。大顺君臣离开北京，经山西退回西安。清军则自山海关一路穷追猛打，于五月初二兵临北京城下。

当时，北京的官绅吏民由于已事先得知吴三桂的檄文，所以一些投降过李自成的明官，一大早便在京城朝阳门外与官民准备迎接崇祯帝太子来京即位。不久，一队人马由远及近向西开来，人们还以为是崇祯帝太子驾到，忙着准备迎驾，可等对方走到近前却大惊失色，来的人既没有明朝太子，也没有吴三桂（吴已受命过卢沟桥西追李自成去了），而是大清军队。为首一人正是大清摄政王多尔衮。直到此时，人们才知道受了愚弄，但事情已无可挽回。就这样，多尔衮等人就被迎入了京城。多尔衮进入北京以后，根据范文程等人意见，施行了许多笼络人心的措施。

五月初，多尔衮率清军一部进入北京。他一面派兵南下追击，很快控制了京畿，一面根据谋臣范文程和洪承畴的建议，对明朝士大夫采取安抚政策，在北京为崇祯皇帝治丧。降清的原明朝官员，不论是否与大顺政权合作过，一律官复原职。被农民政权没收的明朝勋戚的赐田、家产，尽数归还。

多尔衮的这些政策大有成效，对稳定京畿的形势，起了很大的作用。对于农民军，多尔衮也采取了征讨与招降并举的方针。大同总兵姜瓖是原明朝将领，这时首先背叛大顺政权，向清廷投降。镇守代州的将领唐通也是明廷降将，在清廷招降下，突然袭击李自成的重要战将李过，拜表降清。镇守长治的平南伯刘忠虽然没有投降，但在清军逼近时弃城而走，晋南的防线随之崩溃。

顺治元年（公元1644年）九月，多尔衮以皇太极遗言"若得北京，当即迁都，以图进取"和范文程稳扎稳打的战略，把顺治帝从沈阳接到北京。十月一日，他在众人的陪同下于天坛举行祭天大典，即皇帝位，下诏"定鼎燕京"，入主中原的清王朝宣告建立。

然而，摄政王多尔衮虽然实现了兄长皇太极多年梦寐以求入主中原的愿望，进了北京，端坐金銮宝殿，频降圣谕，可是处境并不乐观，甚至可以说是荆棘遍地，危机四伏。

首先是反清兵将二三百万，势力相当强大。此时，清政府只辖有辽宁、吉林、黑龙江及河北部分州县，其他的国土分属大顺、大西和南明诸王。李自成退据陕西，辖有陕、甘、晋、豫诸省与河北　些州县，张献忠主宰天府之国，南明福王朱由崧建都江宁，其江北四镇有兵数十万，湖广左良玉水陆士兵80万，浙、闽、粤、桂、鲁、赣、皖等省仍奉明朝正朔，各地反清武装风起云涌。他们曾不止一次地给予清朝重大打击。大西军勇将李定国曾大败清军，"两蹶名王"，斩清定远大将军敬谨亲王尼堪，逼定南王孔有德自尽。南明延平郡王郑成功统率水陆兵士十余万围困南京，使"东南大震，军报阻绝"，清帝几乎想迁都辽宁回居旧地。清帝用于对付这二三百万敌对势力的满洲人员，却少得可怜。

其次，民贫国穷，动荡不稳。明末清初的长期战乱和统治阶级对百姓的残酷盘剥，以及灾害频仍，严重地破坏了生产力。社会混乱，田园荒芜，百业凋敝，人口大量死亡流移，直到顺治八年（公元1651年），官方簿册所载全国户口才1063万余丁，田地山荡290万余顷，比73年前明万历六年的田地，减少了400多万顷。与此相应的是，政府财政极其困难。清军多路出击，甲胄弓箭刀枪马匹和粮草，花费很大，而人丁田地减少，使田赋丁税商税收入剧减。顺治八九年，每岁仅收赋税1480余万两，各路兵饷却岁需1300余万两，加上八旗王公和文武官员俸禄200余万，每年缺银87万余两。此后更是每况愈下，顺治十三年以后，军费激增，每年用银2400万两，而一年所入，除去各省不得不留存少数银两外，朝廷岁入只有1960万两，兵饷缺额达440万两，再加上官俸、河工、赈灾等必需用费数百万，清廷确实陷入入不敷出、财源枯竭、民贫国穷、司农乏策的深渊。尽管面临万分险恶的局势，摄政王多尔衮、清帝福临及其亲近王公大臣，却毫不畏惧，知难而进，想尽办法，先后消灭大顺、大西、南明200多万军队，到顺治十六年，南明永历帝逃入缅甸，除大顺军余部"夔东十三家军"坚持川东荆襄地区抗清外，全国尽隶清朝。农业生产也逐渐恢复，手工业、商业有了进步，人丁增多，耕地扩大，顺治十八年民田增至549万余顷，比十年前将近增加了一倍。爱新觉罗江山才算巩固下来。"满洲根本"入关之前，皇太极已仿照明制，设内三院和六部，顺治元年（1644年）五月摄政王多尔衮进京后，基本上继承了明朝的政治、经济、文化、外交等方面的制度。中央机构是三院八衙门，即内国史院、内秘书院、内弘文院和吏、户、礼、兵、刑、工六部与都察院、理藩院，顺治十五年改内三院为内阁。地方机构亦袭明制，但总督、巡抚由明朝的临时性质改为常设官职，省之下有府、州、县，分设知府、知州、知县，另外还有分巡道、守道。

多尔衮在基本沿袭明制的同时，为了巩固满族王公贵族的最高统治地位和对全国的统治，确立了"首崇满洲"或称"满洲根本"的基本国策。这主要表现在以下三个方面。其一，议政王大臣会议，权力很大，地位很高。议政王大臣会议的成员，主要是满族王公大臣，也有少数蒙古人员，汉官不能当议政大臣，除范文程、宁完我系经帝特授外，汉军旗人也不能担任议政大臣。宗室亲王和多数郡王是议政王，一些贝勒、贝子、公也奉旨参与议政，满族、蒙古八旗开国元勋及其子弟，如弘毅公额亦都之子三等公、和硕额驸图尔格、其弟二等伯伊尔登，直义公费英东之子一等公图赖等人，或系固山额真、尚书，或任议政大臣，皆是议政王大臣会议成员。清初军国大政，系在摄政王和后来的顺治帝福临的主持下，让议政王召集参与议政的贝勒、贝子、宗室公及议政大臣商议，报摄政王、顺治帝审批，多系依议而行。议政王大臣会议之权力和地位，远逾于内三院或内阁。

其二，八旗军是清皇朝的主要军事支柱。多尔衮虽然设立了绿营兵，人数超过了八旗军，但八旗军仍是清军的核心力量，得到了很大的加强。顺治年间定制，北京八旗设骁骑营、前锋营、护军营、步兵营，从八旗各佐领下正丁中金选骁骑、护军、前锋、亲军、步兵，分别总隶于都统、护军统领、前锋统领及步军统领，都统等官以下又分设参领、佐领等职。另设领侍卫府，由领侍卫内大臣等官统辖侍卫、亲军2000余人。各地重要城市，则遣八旗将士驻戍，称驻防八旗，官兵数万，分别屯驻奉天、畿辅、豫、江、浙、陕、甘、鲁、晋等省，后增驻闽、粤等地。八旗军队的总的职责是"环拱宸极，绥靖疆域"。北京八旗军约10万人，除奉命出征外，主要是"宿卫扈从"，即保卫皇宫，保卫京师，随侍和保卫皇上出巡。遇有重大征战，摄政王、顺治帝派遣满族王公大臣统领北京八旗兵出讨，如靖远大将军英亲王阿济格、肃亲王豪格，定国大将军豫亲王多铎，定远大将军郑亲王济尔哈朗，敬谨亲王尼堪等，皆曾领兵分征，为统一全国立下了功劳。故《清史稿》在诸王列传中赞诸王开国之功说："国初开创，栉风沐雨，以百战定天下，系诸王是庸。"清帝福临也嘉慰满洲将士建国之功勋和辛劳，说："嗟尔将士等，披坚执锐，露宿风餐，汗马血战，出百死一生，以开拓天下。"

其三，诸王管理部院，满官权大。皇太极于天聪五年（1631年）设六部时，即让诸贝勒分管各部。崇德八年（1643年）十二月摄政王多尔衮曾罢王公管理部院之制，后又命端重亲王博洛、巽亲王满达海、敬谨亲王尼堪同理六部事务，顺治八年正月福临亲政后又恢复诸王管部旧制，一年以后才废除。吏、户、礼、兵、刑、工六部开始只有满尚书，顺治五年七月始设汉尚书，且部印俱由满尚书掌握。管理蒙古等民族事务的理藩院，尚书、侍郎皆是满洲、蒙古人员，汉官不能担任。八旗王公大臣掌握了治政统军之权，是清朝的核心统治集团。

清朝从努尔哈赤十三遗甲起兵到顺治入主中原，至此才算是真正的入主中原，君临天下，并且逐步实现了九州一统。